Histoire Populaire
de
l'Apôtre des Bretons

Saint Vincent Ferrier

VANNES

LAFOLYE FRÈRES

1919

HISTOIRE POPULAIRE

DE

SAINT VINCENT FERRIER

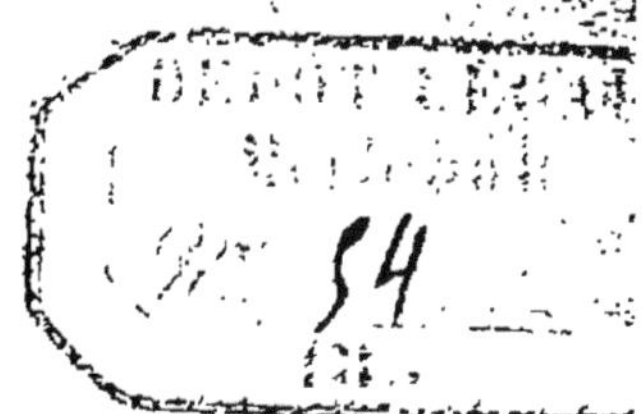

HISTOIRE POPULAIRE

DE

SAINT VINCENT FERRIER

VANNES

IMPRIMERIE LAFOLYE FRÈRES

—

1919

AVANT-PROPOS

L'historien de Saint Vincent Ferrier a écrit cette Vie populaire sur notre demande ; et il nous a envoyé son manuscrit en nous laissant le soin de le compléter pour tout ce qui concerne le rôle du grand Missionnaire en Bretagne, et les souvenirs qu'il a laissés parmi nous.

L'ouvrage paraît au moment où nous célébrons le cinquième centenaire de Saint Vincent. Et comme il est écrit spécialement pour les Bretons, nous espérons que nos compatriotes en effet éprouveront, à le lire, grand profit et grand plaisir.

Jamais, — depuis le temps des Apôtres jusqu'aux événements de Lourdes, — le Surnaturel n'avait eu des manifestations aussi éclatantes, appuyées sur des témoignages aussi nombreux.

On verra dans ces récits le Miracle en permanence pendant une période de 70 ans. Jamais d'ailleurs l'intervention du miracle ne fut plus nécessaire qu'à cette époque ; et au spectacle des divisions provoquées par le grand schisme, on se rendra compte aisément qu'il ait fallu à cet homme providentiel, dans la crise la plus terrible que l'Eglise ait traversée, une mission vraiment extraordinaire pour conjurer le fractionnement de l'Eglise catholique c'est-à-dire la fin du monde !...

Puissent les Bretons, grâce à ce petit livre, entrer de nouveau en contact avec le grand bienfaiteur de leur pays, et ne plus mériter eux-mêmes le reproche que saint Jean adressait aux compatriotes de Jésus : « Il a vécu au milieu de vous, et vous ne le con-naissez pas ! »

J. Buléon,
*Curé de la Cathédrale
de Vannes.*

Lafolye Frères,
Editeurs à Vannes.

AUX BRETONS

Ce récit pur et simple est particulièrement destiné aux Bretons. Leur foi naïve, leur instinctive honnêteté voient plus clair que les lunettes de la science. Toutefois je tiens à leur dire que rien n'est affirmé ici qui ne soit documenté dans la grande Histoire.

Ce petit livre est un remember de fidélité : puissent mes chers Bretons rester dignes de leurs ancêtres ! Je n'ignore point qu'une persécution savante et raffinée, comme il ne s'en est pas vu depuis Julien l'Apostat, les enveloppe de toutes parts. Qu'ils soutiennent la lutte jusqu'à des jours meilleurs, qui ne peuvent tarder à venir, si du moins il doit y avoir une France encore. Qu'ils soient impitoyables aux renégats de tout acabit, de toute nuance. Qu'ils sachent bien que, cessant d'être le premier peuple du monde, ils seront le dernier ; que, ne donnant plus des leçons d'honneur et de loyauté, ils descendront au dernier degré du mépris.

Je ne fais du reste que rappeler ici le discours qu'un historien breton fait tenir à saint Vincent Ferrier sur son lit de mort : « Messieurs les Bretons, si vous voulez vous « rappeler tout ce que je vous ai prêché, vous trouverez « que ce n'est pas moins utile que conforme à la vérité. « Vous n'ignorez pas à quels vices votre Province était « sujette : il ne vous reste plus qu'à persévérer dans la

« *pratique des vertus..... Pour ce qui me regarde, je serai*
« *votre avocat devant le tribunal de Dieu, et ne cesserai*
« *jamais d'implorer sa miséricorde pour vous ; je vous le*
« *promets, pourvu que vous ne vous écartiez jamais de ce*
« *que je vous ai enseigné* ».

L'Apôtre a tenu sa parole. La Bretagne est encore vivante et debout. Mais la liberté humaine reste, et de terribles dangers sont dans l'air.

Garde à vous, messieurs les Bretons !

P. FAGES, O. P.

HISTOIRE POPULAIRE

DE

SAINT VINCENT FERRIER

CHAPITRE I.

Berceau et tombe. — Année jubilaire. — Ce qu'est au juste
le Notariat. — Trois parrains. — Patron prédestiné. —
Enfant thaumaturge. — Aveugle guéri. — Sécheresse finie.
— Petit soulier reconquis. — Jean Garrigues. — Nations
modernes. — Le ressuscité de la porte du Grao. — Vocation.

Saint Vincent Ferrier est né à Valence d'Espagne, un
des plus beaux pays du monde. Son âme jeune refléta les
charmes d'une nature grandiose à la fois et pleine de
poésie, comme il devait avoir pour reposer ses derniers
regards l'austère mélancolie des paysages armoricains.

La maison où il vit le jour existe encore, transformée
en sanctuaire que la municipalité de Valence s'honore
d'entretenir à ses frais. Nos marins bretons la connaissaient
bien jadis quand ils relâchaient dans ces parages ; il fallait
mettre des barrières pour empêcher leurs pieuses dépré-
dations.

L'année de sa naissance, 1350, inaugura les jubilés semi-
séculaires, présage de ces miséricordes redoublées dont il
fut le héraut attitré.

Il était, selon une expression courante, de la bonne

bourgeoisie ; son père était notaire ; mais alors cette charge ne se bornait pas aux limites d'une ville ou d'un canton, elle embrassait toute une contrée.

De trop merveilleuses destinées attendaient Vincent Ferrier pour qu'elles ne fussent pas annoncées par des signes extraordinaires. Ils furent tels que l'allégresse publique salua sa naissance comme une ère de félicité ; les magistrats se disputèrent l'honneur de le tenir sur les fonts baptismaux. Trois furent désignés par le sort, trois parrains. Chacun d'eux voulut comme de juste donner son nom au nouveau-né : l'un s'appelait Raymond, l'autre Guillaume, le troisième Dominique. Il y eut quasi dispute : le curé la dirima en imposant le nom de S. VINCENT, diacre et martyr presque aussi fameux que saint Laurent, espagnol aussi d'origine, et qui fut martyrisé à deux pas de l'église où se faisait le baptême. Sa fête tombe le 22 janvier, or ce jour-là était le 23 : rien donc de plus naturel, et aussi de plus caractéristique, car le nom de *Vincent* sonne comme un clairon d'universelle victoire (1).

Thaumaturge par mission, j'allais dire par état, Vincent Ferrier commença de bonne heure (2).

Sa mère le portait, lorsqu'une femme aveugle vint un jour recevoir l'aumône accoutumée ; en échange on lui de-

---

(1) Les fonts baptismaux où Vincent Ferrier fut baptisé se voient encore à l'église Saint-Etienne. Un indult épiscopal permet à tous les habitants de Valence d'y faire baptiser leurs enfants. Les notaires y ont attaché leur confrérie ; de même que les bonnetiers, corporation opulente avant la déplorable mode des chapeaux, voulurent avoir pour siège de la leur la *Casa natalicia*.

(2) Le pas-perdu de sa maison natale, — toujours fréquenté par de nombreux pèlerins, car il s'y trouve, comme dans presque tous les lieux de pèlerinage, une source miraculeuse, — est tapissé de faïences peintes ou de tableaux rappelant ses miracles, et en particulier ses miracles d'enfant. Nulle légende au-dessous de ces représentations : inutiles pour les Valenciens, elles seraient nécessaires pour nous.

manda une prière pour la délivrance heureuse. « Mieux que cela », dit-elle, en appuyant, par une inspiration d'en-haut, son front et ses yeux sans regard sur le sein de la jeune femme : « C'est un ange que vous portez. » — Et la lumière lui fut rendue.

Il écouta bien les premiers enseignements chrétiens, et de tout son petit cœur crut ce qu'on lui apprit. « On obtient tout avec le signe de la Croix », entendit-il dire un jour au prêtre chargé de l'instruire. Ce jour-là même, jouant au bord d'un puits, sa chaussure y tomba ; il trace aussitôt le signe sacré, et, docile, l'eau monta jusqu'à sa main rapportant le petit soulier.

« Quand mon père Antoine Garrigues avait cinq ans, raconte une attestation officielle, il lui vint au cou une sorte d'apostume ou de tumeur : comme on disait merveille du jeune Vincent Ferrier alors âgé de neuf ans, et que nos deux familles étaient très liées, on le pria de toucher par commisération le cou de son petit camarade ; il le fit, baisa la plaie, et le mal disparut. « C'est pourquoi moi Jean Garrigues, fils d'Antoine Garrigues, j'ai placé l'image du précoce thaumaturge au frontispice de notre maison. »

Il ne manque point de gens encore à Valence qui vous accompagneront aux endroits divers où la sauvagerie révolutionnaire a détruit quelque monument commémoratif, et vous diront tristement, peu fiers de pareils exploits : « C'est ici. »

Vincent Ferrier fit ses études en enfant bien doué, pieux et laborieux.

Lorsque, à ses dix-sept ans, elles furent achevées, il interrogea l'avenir. Sa genèse, l'ensemble des grâces qui avaient travaillé sa jeune âme, lui parlait beaucoup de Dieu : il choisit Dieu pour son partage. Après avoir reçu la bénédiction de ses parents, il alla frapper au royal couvent de saint Dominique fondé, après la prise de Valence sur les Maures, par le roi Jacques le Conquérant, et aujourd'hui caserne en vertu de l'exclaustration sus-mentionnée.

Les portes s'ouvrirent toutes grandes.

Il fit son noviciat comme un saint en herbe, résigna des bénéfices que la prudence de sa famille lui avaient procurés, et prépara toutes ses puissances à la grande mission que Dieu devait lui confier. La règle dominicaine, superbe, expansive à la fois et austère, en fit un homme complet.

CHAPITRE II

Profès en février 1368, Vincent Ferrier ne devait avoir de destination officielle qu'au mois de septembre suivant. En attendant, comme il était passé Maître, il fit un cours de philosophie aux jeunes religieux, et l'on y admit ses amis du dehors ; témoins émerveillés de ses vertus d'adolescent, ils en suivaient avec une admiration croissante l'éminent progrès.

L'heure venue, Barcelone, Lérida, Toulouse puis Barcelone encore le virent tour à tour, durant dix années, étudiant et professeur. Sa puissance thaumaturgique l'y suivit. Elle éclata surtout à Barcelone.

On sait que depuis l'Evangile le miracle, neuf fois sur dix, s'opère en faveur des souffrances humaines. Une horrible famine désolait Barcelone. Le roi, les échevins avaient pris toutes les mesures pour hâter le ravitaillement ; des navires, envoyés en Flandre, devaient en rapporter du grain, impatiemment attendu ; mais on était au mois de mars : le vent soufflait du large en tempête, la mer démontée battait ses rives avec fureur ; et les jours succédaient aux jours sans accalmie.

Touché de la misère publique, Vincent Ferrier, un dimanche, organisa une procession suppliante à laquelle 20.000 personnes prirent part. Il prêcha, et comme péroraison laissa tomber ces paroles : « Rassurez-vous, vos maux sont finis, dès ce soir des navires arriveront, apportant l'abondance. » Le temps était si mauvais que la foule voulait écharper le malencontreux prophète comme imposteur ou mauvais plaisant. A son couvent, on faillit le mettre à la porte. — Patient, il subit l'avalanche.

Cependant frappés du ton de ses paroles, quelques timides croyants montèrent au Montjuich, d'où l'on découvre au loin l'immensité des flots. Et voilà que, dans une éclaircie, nettement se dessinèrent de blanches voiles ; une saute de vent fit tomber la mer ; et les teintes roses du soleil couchant, arrivant par dessus la campagne, rassurèrent tous les esprits.

Plus mobile encore que les vents et les flots, la foule se porta vers le couvent des Dominicains, pour acclamer le nouveau prophète. Solidement barricadé dans sa cellule, Vincent Ferrier méditait sur l'instabilité des sentiments humains, auxquels du reste il ne demanda jamais rien, pas même la justice.

Bien lui en prit dès les jours suivants. — J'avertis que *ce qui suit n'est qu'une légende* : ce n'est point que l'impossibilité du fait effleure même de loin mon esprit ; dans la pensée de notre héros, comme dans la pensée de J.-C. lui-même, ce que nous appelons miracle étant un fruit naturel de la foi portée à un diapason suffisant : or chez lui le diapason était toujours à la hauteur voulue ; mais bien qu'en divers pays des tableaux et des confréries puissent être invoqués à l'appui, la preuve démonstrative n'est pas faite. — Un matin donc il allait pensif à son cours, lorsque l'échafaudage de la prison qu'on bâtissait s'effondra : un maçon fut entraîné dans la chute. La robe blanche frappant ses yeux : « Frère Vincent, cria-t-il, sauvez-moi ! » Mais, depuis l'affaire des bateaux, frère Vincent n'avait plus permission de faire des miracles. « Attends, dit-il, que j'aille la chercher. » Il courut au couvent, essuya, sans y rien comprendre, une bourrade du Prieur et revint dégager son homme de la situation critique où il l'avait laissé.

Et je pourrais en conter bien d'autres. Or le tout ensemble faisait d'autant plus de bruit que le thaumaturge avait à peine 25 ans, et n'était pas encore prêtre. On le remit sur les bancs de l'école ; puis il dut rentrer dans son noviciat de Valence, pour qu'on pût juger si le diable de la vanité n'allait pas gâter un sujet de si belles espérances. Le diable de la vanité perdit son temps : et l'on ne tarda pas à laisser au jeune apôtre toute l'envergure de ses ailes. Il en usa pour le bien de tous, et fut vraiment prophète dans son pays ; ce qui suppose un rare ensemble de qualités.

Le schisme qui, véritable serpent à plusieurs têtes, bouleversait tout alors, interrompit cette joie.

Un ordre vint de Barcelone où résidait Pierre de Lune, cardinal d'Aragon, et légat de l'un des Papes. Ce madré personnage tournait à sa guise les plus solides esprits. Dans son honnêteté native et son esprit de déférence pour les hommes constitués en dignité, le jeune religieux ne songea même pas à discuter les affirmations, précises d'ailleurs, du légat. Dieu le permit ainsi pour l'exécution de l'un de ses plus mystérieux desseins. Et nous allons nous trouver en face de cette bizarrerie : un homme, un saint, dont l'auréole étincellera de plus en plus et servira de phare unique au milieu des ténèbres accumulées, suivant une voie tenue pour fausse aujourd'hui, s'attachant à un pontife que l'Église ne reconnaît plus. Et quand, de son autorité inéluctable, il le brisera comme un obstacle suprême au bien des âmes, ce sera sans perdre la foi en sa légitimité.

Vincent Ferrier retourna donc à Barcelone. Point n'est besoin de dire que sa réputation y était restée, et que Pierre de Lune, en le faisant venir, obéissait au vœu de tous. Il commença par lui conférer la prêtrise et le chargea de préconiser auprès des magistrats et du clergé de Valence Clément VII pontife d'Avignon nouvellement élu.

Acceptée comme un office de vérité, cette mission allait être exécutée avec l'entrain convaincu qui caractérisa toujours l'apôtre, lorsqu'il se heurta contre une mesure prudente du roi Pierre IV. Ce prince que l'histoire a baptisé le *Cérémonieux*, parce qu'il ne se pressait jamais, ayant le flair du terrible désarroi qu'une double élection pontificale ne manquerait pas de faire naître dans l'Eglise, donna l'ordre formel de se réserver, empêcha toute discussion, et fit séquestrer les biens de la Chambre apostolique, c'est-à-dire que ni l'un ni l'autre pontife ne put toucher les revenus considérables que la Cour pontificale tirait de l'Espagne.

La situation était fausse. Ne pouvant mieux faire, et toujours sur l'ordre du légat, Vincent Ferrier composa un traité du Schisme, qu'il adressa précisément au Roi. Sa thèse, non sans habileté, consiste à établir que nulle société ne peut vivre acéphale, c'est-à-dire sans tête, ni, à plus forte raison, bicéphale, c'est-à-dire à deux têtes, et qu'il fallait choisir. Le roi lut attentivement le travail, répondit que, s'il s'agissait de son royaume, il saurait ce qu'il aurait à faire, mais que le gouvernement de l'Eglise ne le regardait pas, et maintint ses ordonnances.

Vincent Ferrier se tourna d'un autre côté. Il est heureusement au-dessus des discussions de parti, même quand c'est l'Eglise qui est en jeu, des vérités immuables au maintien desquelles l'amour du bien peut et doit s'attacher. Nous qui vivons au milieu de difficultés à peu près aussi inextricables, nous pouvons trouver là un encouragement et un exemple.

En vain, pour lui témoigner toute leur sympathie, les religieux du couvent de Valence le nommèrent-ils Prieur. Un Prieur ne peut rester neutre ; il se démit et se consacra tout entier aux œuvres de zèle.

Ses relations de famille l'y aidèrent. Des gentilshommes, de riches citoyens confièrent à sa loyauté l'exécution de leurs volontés dernières ; on le prenait pour arbitre dans tous les différends. Un procès entre les clergés séculier et régulier, au sujet des droits d'inhumation, durait depuis plus de vingt ans, l'autorité des évêques et même l'intervention pontificale s'y était usée en vain ; lui seul était appelé à le terminer. Il s'agissait de savoir quelle part revenait au clergé des paroisses dans les sépultures ou services funèbres que de nombreux chrétiens demandaient aux couvents. Il suffit de visiter les cloîtres d'un vieux monastère pour constater qu'ils sont tapissés de pierres tombales. Fils d'un Ordre qui respecte la liberté autant qu'il défend la vérité, Vincent Ferrier décida en substance que l'intention des familles devait être recherchée avant tout et suivie loyalement, rien n'étant plus sacrée que ce qui touche à la tombe ; qu'à défaut d'intention formelle, le droit du clergé séculier devait primer toujours. Il proteste en passant contre ces fantaisies draconiennes, au sens si peu élevé, qui tendent à traiter les Ordres religieux comme des parias. D'accord avec l'Evangile, la sympathie publique en fait ordinairement justice.

Cette décision fort simple satisfit tout le monde, passa dans les mœurs et prit force de loi.

Il y avait à cette époque des querelles d'un caractère bien autrement aigu, violent et acharné : les grands se faisaient une guerre sans merci, ne permettant point aux petits la neutralité ; et c'étaient des hécatombes périodiques ensanglantant un sol fortuné. C'est vrai que la vengeance est un plaisir des dieux infernaux. C'est vrai aussi que le pardon a une saveur divine ; mais il est difficile, même depuis que Dieu descendu du ciel a penché vers ses bourreaux un front miséricordieux. Vincent Ferrier avait reçu le don qui fait les pacifiés, et ce furent ses grands miracles. Une longue traînée d'apaisement marqua dès lors le passage de l'apôtre thaumaturge. Il eut la joie de donner à sa patrie ce bien à peu près unique ici-bas et très voisin du bonheur: la paix.

En échange, il exigea des magistrats la répression des désordres qu'il était en leur pouvoir de réprimer. C'est ainsi qu'il fit séquestrer les femmes de mauvaises mœurs, essayant aux jours saints d'en faire des repenties. Et ce ne fut point sans succès. Des allocations publiques lui furent votées pour doter bon nombre de ces pauvres créatures, heureuses de vivre au grand soleil de la vie honnête.

CHAPITRE III

Les évêques de Valence avaient cru devoir organiser à l'usage de leur clergé urbain assez nombreux, comme complément aux études régulières, un cours de théologie, à la cathédrale même. L'un d'eux ordonna que toujours les Dominicains seraient chargés de ce cours. On pouvait prévoir que, si Vincent Ferrier restait dans sa ville natale, cet honneur lui incomberait tôt ou tard : il en fut ainsi cinq ans durant.

Malgré les dévastations révolutionnaires, quelques monuments ont survécu. Il est vrai que, pour tout détruire, il eut fallu raser Valence jusqu'au sol. Il s'agit d'ailleurs ici d'une propriété particulière.

Le cours de théologie se faisait le soir, trop tard pour que le professeur pût rentrer à son couvent. Un de ses frères, dont la demeure était contiguë à la cathédrale, lui donnait l'hospitalité. Sa chambre a été respectée, telle quelle, avec son vieil huis de chêne et ses serrures moyen-âge. On raconte qu'une esclave tunisienne, tourmentée la nuit par des visions diaboliques, fuyait de chambre en chambre ; mais le diable la poursuivait toujours. Une nuit, elle se retira dans l'appartement qu'avait occupé le Saint ; et là, bien que lui faisant de la porte ses plus laides grimaces, le diable n'osa pas entrer. Depuis lors, cet appartement a été affecté au culte...

L'ennemi du genre humain ne fatigue pas de ses obsessions que les esclaves, il fatigue aussi les maîtres, les maîtres en science et les maîtres en vertu : l'épreuve est et sera toujours la pierre de touche qui fera reconnaître les vrais athlètes de Jésus-Christ.

Aucune forme de tentation ne fut épargnée à notre jeune héros. Tantôt Éthiopien monstrueux, tantôt dévot ermite, Satan essaya vis-à-vis de lui tour à tour l'imposture et l'intimidation : et perfidie plus dangereuse encore, l'énervement et la lassitude. Voyant enfin qu'il n'aboutissait pas à grand'chose, et qu'au besoin les crucifix se penchaient pour consoler le pauvre éprouvé, ou que la Vierge secourable lui parlait en langage intelligible à l'oreille mortelle, il fit agir les grands moyens ; il inspira une passion folle à une malheureuse et l'idée de feindre une maladie grave pour faire venir le Saint comme à son lit de mort...

Des faux frères lui jouèrent d'abominables tours, firent circuler les bruits les plus infâmes ; il fallut l'intervention des magistrats et tout l'appareil d'une solennité publique pour confondre ces odieuses machinations.

Les cinq ans qu'il passa ainsi à instruire, à aider ou à consoler ses concitoyens, ne furent pour lui-même qu'une longue série de secrètes angoisses. Aussi quand il sortit de là, comme son Maître divin, avec tous les honneurs de la guerre, il avait acquis le droit de traiter en vainqueur les puissances infernales, et le cas échéant, ne s'en fit pas faute. Nous le verrons dans la suit de ce récit.

Cependant, ni sa réputation ni l'estime dont il jouissait n'avaient été sérieusement atteintes, ou plutôt son auréole avait grandi ; et, quand arriva l'échauffourée dont nous allons parler, il put de son autorité, non seulement en enrayer les désastreuses conséquences, mais la faire tourner à bien.

A Valence, comme partout, il y avait des Juifs ; comme partout leurs exactions, leurs usures, ces crimes mystérieux, ces meurtres d'enfants qui font partie de leurs rites, entretenaient contre eux une surexcitation sourde. Dans plusieurs villes d'Espagne, les autorités avaient dû prendre de sévères précautions pour empêcher des massacres en masse ; à Séville notamment, ils avaient été assez malmenés.

La question juive n'est pas d'aujourd'hui, et elle ne finira qu'avec le monde. Pour le chrétien, le juif est essentiellement malfaisant, par cette raison toute humaine qu'on ne pardonne pas le mal qu'on a fait. Le juif ne pardonnera jamais aux chrétiens d'avoir crucifié leur Chef ; il faut se le tenir pour dit. — Ce n'est pas à dire qu'il faille les persécuter, mais il faut les surveiller de près.

Leur habileté proverbiale et leur peu de scrupules en tous genres de commerces ont fini par leur mettre en mains la fortune publique. Les rois de France, intelligents, leur faisaient rendre gorge tous les cinquante ans environ, véritable jubilé de justice ; ils ne s'en plaignaient pas trop y trouvant un vestige de la loi mosaïque. Ils s'ingéniaient du reste en conséquence, et les gens apaisés les laissaient tranquilles. D'autres gouvernements, aujourd'hui surtout que le sens moral a singulièrement diminué, croyaient et croient encore devoir au contraire leur confier la direction des finances. Dieu sait où cela nous mènera.

A Valence donc, un dimanche vers midi — c'était le 9 juillet 1391, — une cinquantaine de jeunes gens, portant un petit étendard et une croix de roseau, en manière de procession, se dirigèrent vers le *Barrio* (quartier habité par les Juifs), leur criant que l'archiprêtre de Séville arrivait, et qu'ils n'avaient qu'à se faire baptiser ; quelques-uns même pénétrèrent dans le *Barrio*. Pris de peur, les Juifs barricadèrent les portes : les jeunes gens qui étaient entrés se mirent à crier : ceux de l'extérieur crurent qu'on les égorgeait : le tumulte se fit indescriptible. Le duc de Montblanch, frère du roi et gouverneur du royaume, arriva en toute hâte et voulut se faire ouvrir les portes dans le dessein surtout de calmer la foule. Les Juifs ne comprirent pas ses intentions et se barricadèrent plus forts. Les portes cédèrent bientôt sous la poussée du peuple toujours grossissant ; et quand on vit un chrétien mort et un autre auquel on avait coupé le doigt, la fureur fut au comble, en un clin d'œil le *Barrio* fut saccagé et une centaine de Juifs tués.

Les chrétiens ne tardèrent pas à revenir à eux-mêmes, honteux de leur équipée. Vincent Ferrier en profita pour ouvrir aux Juifs un asile dans les églises où il s'occupa de les instruire, pendant que les autorités leur faisaient rendre tout ce qui avait été enlevé, et procédaient au châtiment des plus coupables émeutiers.

Il faut dire qu'en cette rencontre la tâche de l'apôtre fut rendue facile par des faits extraordinaires dont nous trouvons le récit tout au long dans les documents municipaux du temps. Sous la synagogue était enfouie, à l'insu de tous, une statue de saint Christophe, ce saint à la taille de géant, qu'on a coutume de représenter portant un enfant dont le poids semble l'écraser, et qui est en effet le Maître du monde. Plusieurs fois, d'après les dires des Juifs eux-mêmes, saint Christophe leur était apparu menaçant et leur intimant l'ordre de sortir de sa maison. De fait, la statue fut découverte et la synagogue transformée en temple catholique. J'ai vu cette statue ; et l'on célèbre encore à Valence, le 10 juillet, l'anniversaire de ces événements, que d'autres prodiges confirmèrent. Le saint chrême, épuisé par tant de baptêmes, se renouvela miraculeusement ; les lampes s'allumèrent d'elles-mêmes et leur huile guérit des malades. L'autel de saint Christophe devint le centre d'un pèlerinage important. « Qu'on glose ou qu'on morde, écrivaient les échevins un peu impatientés du tapage qu'avait fait l'affaire, nous avons vu cela de nos yeux, et y trouvons la preuve d'une providence particulière à l'égard des Juifs, ce qui ne nous empêche pas de regretter les violences dont ils ont été victimes. »

Une confrérie s'établit, dite des Néophytes convertis de saint Vincent Ferrier. Elle a longtemps subsisté.

Son zèle ne se borna pas aux Juifs de Valence ; il parcourut le royaume et l'on porte à dix mille le nombre de ceux qui répondirent à son appel.

Il va d'ailleurs inaugurer le rôle social qui en fit l'homme prépondérant de son siècle. Il démontrera qu'un saint peut, avec le seul génie de ses vertus héroïques, sauver et diriger les sociétés. Quand toutes les hiérarchies, même la hiérarchie ecclésiastique, s'effondreront, il restaurera toutes choses.

Aumônier de la Cour, il acquit cette connaissance des affaires, ce maniement des volontés qui aboutiront au célèbre compromis de Caspe, d'où sortira la grandeur de l'Espagne. Confesseur du Pape et grand Pénitentier, il verra de près tous les rouages du gouvernement ecclésiastique. Il prendra peu à peu cet ascendant auquel nul, pas même le Pape, ne résistera. Et cela, sans se départir de l'urbanité la plus exquise, de l'humilité la plus profonde, de la plus aimable simplicité.

Déjà durant son cours de théologie qui cessait au Carême, l'Infant don Martin, plus tard roi d'Aragon, l'avait attiré ; il se guidait, d'après ses conseils. Il se forma là une de ces amitiés qui font plus d'honneur encore aux princes qu'au sujet, et dont les peuples se trouvent si bien ! — Les âmes n'ont ni rang ni âge.

Le Légat, Pierre de Lune, dont la qualité maîtresse était la ténacité, vint lui-même à Valence, sous prétexte de revoir une ville où il avait exercé des charges ecclésiastiques ; au fond, il voulait forcer la main aux magistrats, malgré l'opposition royale. Mais là, où Vincent Ferrier avait échoué, il échoua. Il se rabattit alors sur la Castille ; et, sûr d'ailleurs que personne ne lui serait plus utile que le jeune apôtre, il l'amena dans sa tournée diplomatique, qui eût plein succès cette fois.

Sur ces entrefaites, le roi Pierre IV d'Aragon le Cérémonieux était mort ; le Légat crut devoir tenter fortune auprès de Jean Ier, fils et successeur du roi défunt. Celui-ci ne sut point se défendre. Il nomma Vincent Ferrier son grand aumônier, et la reine Yolande lui confia la direction de sa conscience : épineux honneur dont il se serait bien passé. Cette princesse joignait à de sérieuses vertus, un tempérament altier peu maniable ; et, bientôt, elle aurait mené son directeur comme elle menait le roi son mari, si le directeur, sous des formes douces et respectueuses, n'eût caché une inflexible fermeté. La royale pénitente en fit bientôt l'épreuve.

La cour à laquelle le grand aumônier restait attaché séjourna quelque temps à Valence. Sa cellule avait pour le jeune dominicain plus de charmes que les appartements somptueux de l'hôtel royal. Jouissant d'une paix relative, il se plongeait avec délices dans cette contemplation que la règle dominicaine accorde périodiquement à ses adeptes, et où nous puisons notre véritable force.

Mais Vincent Ferrier n'était pas un religieux ordinaire : on parlait d'extases, de visions célestes, de cellule merveilleusement éclairée... Il n'en fallait pas tant pour surexciter la curiosité féminine ; la reine voulut à tout prix voir son directeur dans sa cellule. Elle s'adressa au Prieur, sachant que nous faisons, vis-à-vis des têtes couronnées, cet acte de déférence d'abaisser devant elles toutes les barrières ; mais autre chose est la clôture du couvent, autre chose le sanctuaire absolument inviolable de la cellule. Une vigoureuse semonce fut le châtiment de son indiscrétion d'autant mieux appliquée qu'elle entendait sans le voir son terrible directeur : un voile miraculeux le dérobait à ses regards.

Nul ne s'étonnera qu'elle ne se tînt pas pour battue. Elle fit si bien auprès du Prieur et prit si adroitement ses mesures qu'elle put, par la porte entrebâillée, voir un jour le saint en extase, au milieu d'une éblouissante irradiation dont il paraissait être le foyer. Depuis ce jour, suivant son génie, extrême en tout, elle ne lui parla plus qu'à genoux, comme devant un ange.

Ces attaches de notre héros soit avec le Légat, soit avec la cour d'Aragon, durèrent cinq ans. Il étudia l'état des esprits, les besoins des peuples, et le plan de la mission définitive qui devait occuper les vingt derrières années de sa vie, s'élabora dans sa pensée.

Les Juifs, plus tard sa préoccupation principale, attirèrent là aussi son attention. Au passage à Valladolid, il expliqua si lumineusement la loi de Moïse, qu'un rabbin célèbre ne put s'empêcher de s'écrier : « Ce moine, qui n'est pas juif, en sait plus long que moi sur le Pentateuque. » Et, logique, il embrassa la foi du Christ. Il prit au baptême le nom de Paul de Sainte-Marie, étant de la même tribu que la Sainte Vierge ; mais il est plus connu sous le nom de Paul de Carthagène ou Paul de Burgos, parce qu'il devint successivement évêque de ces deux villes.

Lorsqu'en 1394, Pierre de Lune fut élu pape sous le nom

de Benoît XIII, il appela d'autorité son lieutenant de légation à son palais pontifical. Il n'y avait qu'à obéir : Vincent Ferrier s'y rendit. Il avait quarante-cinq ans.

Ici finit sa jeunesse, dit son premier biographe. Les saints ont la jeunesse longue, en attendant l'éternelle jeunesse du ciel.

CHAPITRE IV

Schisme, deux papes. — Rome et sa destinée providentielle.
Urbain VI. — Cardinaux peureux. — Clément VII. — Vincent Ferrier dans Avignon — Soustraction d'obédience.
— Pape batailleur. — Maladie mortelle et résurrection. —
Légat à *latere Christi*. — L'apôtre de l'Europe.

Il y avait deux papes, et tous deux se disaient, se croyaient
peut-être légitimes. L'un résidait à Rome, l'autre dans Avignon. On sait que le Comtat Venaissin, qui forme aujourd'hui à peu près le département de Vaucluse, était au
moyen-âge une propriété pontificale. Pour fuir les troubles
qui agitaient trop souvent la Ville Eternelle, des papes,
français d'origine, transportèrent le siège pontifical dans
Avignon. Cet exil volontaire ne fut heureux pour personne.
Rome est la capitale née de la chrétienté ; les corps des
saints apôtres Pierre et Paul sont là, sauvegarde à la fois
et appui de leurs successeurs. Maîtresse de l'univers quand
vint le Christ, elle ouvrit tout naturellement à la diffusion
du christianisme les grands chemins où passaient ses
armées. L'honneur qui lui est fait ne vient du reste pas de
la terre. Aller contre l'ordre du Christ, d'où que parte la
contradiction, ne saurait jamais porter bonheur. De cette
anomalie naquit la possibilité monstrueuse de deux pontifes simultanés.

Quand Grégoire XI mourut en 1378, les Romains menacèrent les Cardinaux de leur faire un mauvais parti, s'ils
n'élisaient un Romain ou du moins un Italien. Leur pensée, très légitime, était de couper court à toute velléité de
retour au-delà des monts. Le nom de Barthélemy Prignano,
archevêque de Bari, sortit des urnes du conclave. Il prit

le nom d'Urbain VI. Personne ne s'avisa de contester la validité de cette élection, sinon lorsque le nouveau Pape qui avait été chancelier à la cour d'Avignon et témoin parfois écœuré des désordres qu'entraînait ce provisoire perpétuel, parla trop tôt, et trop haut peut-être, de réformes atteignant un peu tout le monde. Mécontents, quelques cardinaux dirent qu'après tout le choix qu'ils avaient fait de lui n'était pas libre à cause des menaces du peuple, et que par conséquent l'élection était nulle. Ils se retirèrent au château Saint-Ange, puis à Fondi, dans le royaume de Naples, et là, procédèrent à une nouvelle élection qui donna la tiare au Cardinal de Genève. Celui-ci s'appela Clément VII. Chose bizarre et qui semble un souffle ironique de la Providence : *Urbain* vit son autorité discutée pour avoir perdu le sens de l'urbanité , et jamais homme ne fut plus impitoyable que ce *Clément VII.*

Comme les Cardinaux étaient seuls juges dans la question, de même que seuls ils sont électeurs, on conçoit que le schisme devait s'éterniser. La chrétienté se divisa selon que chacun prit parti pour les actes des Cardinaux ou pour leurs affirmations. Les actes disaient qu'Urbain VI était légitime, les affirmations disaient le contraire. Les saints les plus authentiques s'y trompèrent eux-mêmes. Pierre de Lune, légat de Clément VII, dit à Vincent Ferrier : « Vous pouvez m'en croire, j'y étais, nous avons subi une violence telle que résister nous exposait au péril de mort : or, théologiquement, une semblable violence frappe tout acte de nullité. » Vincent Ferrier crut à cette parole d'un prince de l'Eglise. Sainte Catherine de Sienne au contraire, plus près de la source, accusa nettement les Cardinaux de félonie et de lâcheté.

La France et l'Espagne prirent parti pour le Pape avignonnais, les autres puissances pour le pontife de Rome.

On discuta de part et d'autre à perte de vue ; et à mesure que l'on discutait, les deux camps se tranchaient davantage, parce qu'il n'y avait aucun point commun. Pour s'entendre il faut se toucher, comme pour se battre.

Les Papes du grand schisme furent, à Rome : Urbain VI, Boniface IX, Jean XXII, Alexandre V et Grégoire XII ; — dans Avignon : Clément VII et Benoît XIII.

Vincent Ferrier arriva au milieu de 1395 à la Cour pontificale d'Avignon. Il fut magnifiquement reçu, et, sans retard, installé Maître du sacré Palais, grand Pénitencier et Confesseur du Pape : honneurs sonores qui couvraient de terribles responsabilités. En somme Benoît XIII, dont l'obstination va s'accentuer jusqu'à un entêtement capable de mettre l'Eglise en péril, voulait couvrir de l'autorité morale d'un pareil homme son ambition personnelle. Nulle illusion n'était possible, car le Confesseur précédent, pour s'être exprimé vigoureusement sur les conséquences déjà funestes du schisme, avait été mis en prison par l'irascible Pontife. Il fallait donc plus que de l'abnégation pour accepter des charges pareilles. Vincent Ferrier était avant tout homme de devoir : cette limpidité lumineuse va le guider au milieu d'inextricables embarras, jusqu'à ce qu'il y puise l'énergie calme devant laquelle se briseront tous les obstacles.

Des désordres assez regrettables s'étaient peu à peu glissés à cette cour d'Avignon : il y reprit à l'usage du clergé les cours théologiques si fructueux à Valence. Sa haute situation, sa science et son talent oratoire y attirèrent les princes de l'Eglise, aussi bien que les simples prêtres et les laïques instruits.

Cependant les Puissances travaillaient à faire cesser ce schisme déplorable dont la chrétienté avait honte, et qui mettait le désarroi partout. A Paris, l'Université, les pou-

voirs publics étudiaient les moyens d'entente : on organisa
des assemblées ; à deux reprises même le roi Charles VI,
dont il est touchant de voir les moments lucides occupés
à ces graves débats, réunit un concile national. Des ambas-
sades solennelles furent envoyées aux deux Pontifes. On
tenta de leur ménager des entrevues, qu'ils évitèrent du
reste avec le plus grand soin, n'ayant qu'une médiocre
confiance en la bonne foi l'un de l'autre. « On parla beaucoup, dit un auteur du temps, mais comme ni les actes ni
les pensées n'étaient d'accord avec les paroles, rien n'avançait. »

Enfin, en vertu de ce droit qu'a toute société de se défendre ou plutôt de vivre, le 1er septembre 1398, la soustraction d'obédience fut publiée sur le pont d'Avignon ;
c'est-à-dire que la France ne reconnut plus l'autorité de
Benoît XIII et considéra le Saint-Siège comme vacant. On
occupa la ville militairement et le Pontife fut tenu assiégé
dans son château. — On peut le voir de loin, ce château
des Papes d'Avignon, construction bizarre, véritable forte-
resse, où durant quatre ans, Benoît XIII avec trois cents
Aragonais put tenir tête à tous ses ennemis. Il faut dire
qu'on y mit des ménagements.

Le génie batailleur de Pierre de Lune s'accommodait de
ces luttes violentes qui faisaient diversion à ses pensées
intimes et lui donnaient l'auréole des persécutés ; mais son
confesseur ne pouvait approuver que le sang fût versé par
des mains consacrées. Il se retira au couvent de son Ordre,
célèbre alors, où saint Thomas d'Aquin fut canonisé, où
l'on sacrait les Pontifes, où vingt-deux cardinaux sont
enterrés. Là, il tomba malade.

Les maux de l'Eglise, l'amer sentiment de l'impuissance,
sa situation personnelle si en vue, l'angoisse d'une âme

tendre torturée entre la conscience et son dévouement
pour le Pontife, cette sorte de désertion qui semblait une
forfaiture à l'amitié, tout cela brisa ses forces, l'organisme
défaillit. Il allait mourir, lorsqu'une intervention directe
d'en-haut lui rendit ses forces, ainsi que lui-même le
raconte dans une lettre à ce même pape Benoît XIII.

« Il y a plus de quinze ans, un religieux était gravement
« malade : comme il priait Dieu de lui rendre la santé
« afin de pouvoir, selon sa coutume, exercer pour le bien
« des âmes le zèle dont il était dévoré, il se sentit envahi
« d'un doux et mystérieux sommeil pendant lequel il vit
« le Christ Notre-Seigneur, plein de gloire et de majesté.
« À ses pieds étaient agenouillés les saints patriarches
« Dominique et François d'Assise, qui le supplièrent de
« descendre sur la terre pour guérir le pauvre moribond. Le
« Sauveur du monde consentit à leur demande. Il descen-
« dit avec eux et, s'approchant du malade, il le caressa,
« lui touchant familièrement la joue de sa main sacrée. Il
« daigna lui parler, *et bien que sa parole fut tout intérieure*
« *et mentale, elle était parfaitement claire.* Entre autres
« choses il lui dit explicitement qu'à l'exemple des deux
« Patriarches là présents, sa mission était d'aller prêcher
« par le monde comme les Apôtres, que la divine Bonté
« l'attendait pour annoncer la venue de l'antechrist, afin
« qu'auparavant sa bienfaisante doctrine guérit les plaies
« morales de l'humanité. Au contact de la main divine le
« religieux s'éveilla et se trouva entièrement guéri. Il ac-
« complit du meilleur de son cœur sa légation ; le Seigneur
« confirma ses discours par des miracles, et manifesta
« clairement sa mission de précurseur comme avait été
« celle de saint Jean-Baptiste. En toute vérité, un des trois
« anges que vit saint Jean dans l'Apocalypse, volant dans
« toute l'étendue du Ciel et portant l'Eternel Evangile,

« prêchant à grande voix à toutes les nations la crainte de
« Dieu et l'approche du redoutable jugement, représentait
« ce religieux ; beaucoup du moins l'affirment sans crainte
« d'erreur. »

Guéri non seulement tout d'un coup, mais sans convalescence, il demanda au Pontife la permission de commencer l'œuvre apostolique qui venait de lui être confiée : Benoît XIII refusa. Il se serait privé de son plus précieux soutien. Puis il essaya de diversions fort honorables pour le sujet : il offrit à Vincent Ferrier successivement l'évêché de Lérida, celui de Valence, et enfin le chapeau de Cardinal. L'apôtre en fut touché, mais sa vocation n'était pas là.

Son Maître divin lui avait dit : « *Adhuc expectabo te.* Je t'attendrai. » Il attendit.

Chargé des missions diplomatiques de l'autre côté des Pyrénées, il les accomplit de son mieux.

Enfin muni de tous les pouvoirs dont dispose l'Eglise, béni par le Pontife, investi du titre plus qu'humain de légat à *latere Christi* (1), le 22 novembre 1399, jour de sainte Cécile, il partit pour cette mission que la mort seule devait interrompre. Il avait à peine vingt ans à vivre ; mais ces vingt ans ont valu au monde des siècles d'existence. Nous en vivons encore. Ce n'est pas sans raison en effet qu'on l'appelle l'apôtre de l'Europe : son apostolat trace la ligne géographique qui sert de frontière au protestantisme après en avoir été la digue. S'il y a une Europe chrétienne, au moins jusqu'à ce jour, c'est à saint Vincent Ferrier que nous le devons.

(1) Non pas Légat du pape, mais Légat du Christ.

CHAPITRE V

Carpentras : le prix d'une sole. — Nos premiers Apôtres. — Arles, Aix et Marseille. — Comment on portait les bonnets. — Conseil municipal compromis. — Vallée impure purifiée. — Saint Orient et Grand Orient. — La grande Chartreuse. — Un saint qui se révèle. — Turin : générosité municipale ; Hommage du maître-coq. — L'oasis. — Eau bénite qui ne l'est pas. — Double récolte. — Les diables ermites.

Parti d'Avignon, Vincent Ferrier séjourna six semaines dans les Etats du Pape français. Il fallait ce laps de temps pour tranquilliser les esprits en délimitant d'une façon précise les pouvoirs spirituel et temporel. Lui seul avait assez d'autorité pour faire cesser toute incertitude, et la confiance qu'il inspirait était sans bornes. Aussi l'accueil qu'il reçut partout fut-il splendide. Les syndics de Carpentras allèrent lui offrir des présents comme cela se pratiquait à l'égard des plus grands personnages ; ses frères les Dominicains le traitèrent magnifiquement, si l'on en juge par une sole achetée tout exprès pour lui et qui coûta six liards, une journée d'homme ! Le prix des denrées a légèrement varié depuis...

Commencé sur le sol de France, cet apostolat si fécond s'achèvera sur le sol de France, comme si rien de grand ne pouvait se faire dans le monde sans que nous n'en ayons la plus large part — ingrats que nous sommes !

Ce n'est point que tout fût facile pour le nouvel apôtre. Les germes d'égoïsme monstrueux engendrés par la peste noire, alors qu'on s'imaginait que le seul moyen d'éviter le fléau était de jouir, ces germes repoussaient partout en floraisons folles, et menaçaient de tout envahir, de tout détruire. Il alla demander à ceux qui les premiers évangélisèrent notre France le courage que donne un amour sans limite. Madeleine, Marthe, Lazare, amis dévoués du Sauveur, étaient, dans leur vivant souvenir, à deux pas de lui. Madeleine pleurait encore et pleure toujours dans la *Sainte Baume*, grotte où elle fit trente ans pénitence, et où de temps en temps, comme une larme, tombe en effet de la voûte dans la vasque une goutte d'eau triste et sonore. A Saint-Maximin la superbe basilique garde, et c'est son plus précieux trésor, la tête de celle qui fut l'apôtre des apôtres puisque la première, vigoureuse dans sa foi, à ceux qui doutaient encore elle annonça la résurrection du Maître. Au front un morceau de chair marque l'endroit où se posa le doigt du divin Ressuscité, comme si la mort avait reçu ordre de ne pas toucher à ce qu'avait touché Celui qui est la vie.

Un honnête citoyen d'Arles, Bertrand Boysset, qui a laissé des Mémoires, y a consigné l'impression que lui fit le grand prédicateur : « Jamais depuis les Apôtres, nous dit-il dans son patois, jamais homme ne prêcha si hautement. Les Juifs eux-mêmes en furent ébranlés. »

Une des premières cités qui expérimentèrent le don de pacification qu'avait reçu Vincent Ferrier, fut Sisteron, si du moins nous en croyons son historien : « Les Guelfes et les Gibelins, dont le nom terrible résume les divisions qui ensanglantèrent le moyen-âge, écrit-il, ne purent résister à l'ascendant de l'humble frère prêcheur, et suspendirent leurs interminables querelles (1). »

---

(1) Les syndics reconnaissants voulurent à leur tour faire des cadeaux à leur bienfaiteur. Ces cadeaux consistèrent en vingt *coupes* de bon vin, vingt *émines* de froment, et trois *aunes* de droguet noir pour se faire un habit. Il faut savoir que, dans presque toutes les villes du Midi, on retrouve des délibérations municipales relatives à notre héros.

Marseille, en souvenir de son passage, donna vingt mesures de blé aux Dominicains, et le 30 mars 1401 se passa sans émeute, bien que le Conseil municipal se fût compromis jusqu'à partager le dîner des moines pour faire honneur à l'un d'eux.

A Aix, les comptes du couvent portent qu'on reçut à cette occasion des nobles syndics deux florins d'or (1).

Les années suivantes, de 1401 à 1404, furent employées à évangéliser le Dauphiné, la Savoie, le Piémont, la Lombardie et la Suisse. Nous le savons, entre autres sources documentaires, par une lettre que le saint écrivit à son maître général Jean de Puynoix, car, tout en étant légat à *latere Christi*, il relevait des autorités de ce monde, et n'était pas homme à s'y soustraire. Il mit plusieurs mois à écrire cette lettre achevée enfin à Genève le 17 novembre 1432 (2).

Dans ces parages était une vallée qu'on appelait la *valpule*, nom en lui-même très innocent, car il signifie *vallée du puits*, mais auquel la corruption des indigènes avait fait attacher une signification infâme autant que méritée. Vincent Ferrier convertit si bien cette vallée que, d'autorité, il en changea le nom souillé et l'appela Valpure.

(1) J'aurais bien voulu retrouver dans ce couvent, devenu Ecole normale, une vieille statue en bois, faite immédiatement après la mort du Saint ; elle le représentait debout, s'appuyant d'une main sur un bâton, de l'autre tenant un rouleau où se lit une inscription latine dont le sens est que la fin du monde est proche. Il était coiffé du bonnet de laine noire tel que le portent encore les paysans et même les paysannes de Normandie.

Les chapeaux toutefois ne lui furent point inconnus. Il en existe deux à ma connaissance portés par lui : l'un à Lyon, l'autre à Salamanque.

(2) Elle existe, je l'ai vue dans son fourreau d'argent ; je ne dirai pas où, parce que les révolutionnaires italiens, aussi peu scrupuleux que les nôtres, iraient la prendre, non pour la lettre mais pour le fourreau.

Louis XI lui donna plus tard le nom de Vallouise. Un Jésuite, qui était frappé de cette conversion subite, dont il trouvait partout les preuves, y a pris matière d'une Vie complète de saint Vincent Ferrier à l'usage de ses concitoyens. « O mes chers Vallouisiens, s'écrie-t-il, mes chers Vallousiens ! si saint Vincent Ferrier n'avait pas paru dans nos contrées, nous serions ce qu'ont été nos ancêtres ; et que n'ont-ils pas été ?... Vous ne pourrez le voir sans frémir dans la suite de cette histoire ! »

Là dominaient les Vaudois, sectaires cafards, qui s'appelaient eux-mêmes *catharins* ou purs (!) et qui, sous des dehors pharisaïques, comme leurs cousins germains les Albigeois, mettaient la société en péril. Là pullulaient les plus grossières superstitions : on y adorait publiquement une sorte de divinité appelé « saint Orient », que les gens simples confondaient avec le soleil, et dont, pour ne pas les effaroucher, on célébrait la fête principale le lendemain de la Fête-Dieu. Quand même la ressemblance de nom entre saint Orient et grand Orient ne nous mettrait pas sur la trace, la similitude des procédés suffirait à nous édifier. D'après la lettre de Vincent Ferrier, ces adeptes du saint Orient menaçaient de mort les religieux et les prêtres assez courageux pour prêcher contre leur doctrine, et en attendant leur coupaient les vivres. Lui-même faillit devenir leur victime. « Dans une vallée du duché de Savoie, la vallée impure, raconte le procès de canonisation, plusieurs fois ces infidèles endurcis attentèrent à sa vie. Une nuit ils montèrent sur le toit de la maison où il logeait, armés de lances et de glaives, enlevèrent une partie de la toiture, et l'auraient tué si Dieu ne l'eut protégé. »

Mais s'il y avait des tristesses, il y avait aussi des consolations. Tout le monde connaît, au moins de nom, un coin abrupt perdu dans les montagnes du Dauphiné, véritablement sauvage alors et d'accès à peu près impossible : la grande Chartreuse. Les vaillants de la pénitence savaient bien en trouver le chemin. — Et ils se faisaient nombreux sous la parole ardente de l'Apôtre. « J'en ai reçu cinq le même jour, écrivait le général des Chartreux. » Ce général des Chartreux n'était autre que Boniface Ferrier, frère de notre Saint. Vaillant lui-même, il avait quitté le monde à 4o ans pour s'enfoncer dans la solitude, où les honneurs ne tardèrent pas à venir le chercher.

Alexandrie fut le théâtre de scènes également touchantes. Il y avait là un jeune homme riche et beau, noble de race et d'instinct, qui attendait le signe de Dieu pour orienter sa vie. Attentif, il écouta ce Prédicateur à qui Dieu ouvrait le secret des âmes ; ce qu'il entendit lui sembla pour lui : c'était pour lui en effet. Une courte entrevue suffit à le fixer. Un nouveau saint était né : il s'appelle saint Bernardin de Sienne (1), canonisé en r45o, cinq ans avant l'allumeur d'âme qui lui avait ouvert la voie.

Et l'apôtre allait provoquant à l'héroïsme les jeunes. Nous en trouvons l'écho dans son procès de canonisation. « A peine sortis de l'enfance, dit un de ces heureux appelés, nous ne pouvions nous lasser de voir et d'entendre maître Vincent. »

Les vieilles chroniques nous révèlent à leur tour le mouvement social. « En ces temps-là, un homme d'une extraordinaire sainteté, prêchant la concorde entre citoyens, éteignit les divisions et unit tous les partis pour le bien commun. » Ces partis, nous les connaissons : ils s'appelaient Guelfes et Gibelins, et ces temps-là marquent le paroxysme de leurs haines furieuses. Aussi ne parlait-on dans toute l'Italie du nord que du moine étranger. La mu-

(1) M. Thureau Dangin a publié sa vie sous ce titre : *Un prédicateur populaire.*

nicipalité de Turin envoya au couvent qui l'hébergeait une pièce de vin contenant six hectolitres ; et le maître-*coq* du même couvent lui paya son tribut d'admiration en écrivant de sa plus belle main à la suite des comptes de cuisine : Grand Prédicateur !

Il faut dire que ce grand prédicateur était aussi grand faiseur de miracles. Un pauvre enfant tombait de cet horrible mal qu'on appelle le mal caduc : un signe de croix le guérit à toujours.

« Comment donc faire, demanda un jour à Vincent Ferrier le brave homme qui lui donnait l'hospitalité, pour nous défendre des orages qui, chaque année, dévastent nos campagnes ? — Employez l'eau bénite », dit l'Apôtre. L'homme, témoin de la sainteté de son hôte, le pria de faire lui-même ce qu'il avait dit. C'était bien pensé. Quand vint la moisson, ses champs ressemblaient à une île de verdure au milieu d'un désert. Les autres s'en étaient moqués, mais il fallut bien venir à résipiscence. — « Qu'à cela ne tienne, dit le saint miséricordieux, vos récoltes vous seront rendues. » Exactement d'après les témoignages : « Ne craignez rien, bonnes gens, Dieu y pourvoira... Et cette parole fut d'une telle efficacité que les gens de ce pays récoltèrent cette année-là plus qu'ils n'eussent fait en deux ans consécutifs. »

L'eau bénite produit toujours son effet ; mais cet effet dépend beaucoup de celui qui l'emploie. Entre les mains de Vincent Ferrier le goupillon était à volonté une arme invincible ou une panacée universelle. Un jour pourtant qu'il exorcisait un possédé, le diable se moqua de lui : « Ah ! la bonne eau, criait-il, ah ! vraiment oui, c'est de la bonne eau ! » Le Saint eut un doute, bénit l'eau et le diable dut partir.

Aussi l'enfer lui gardait-il d'implacables rancunes. On

voyait, parmi ces peuples, arriver des ermites, venus on ne savait d'où, de cet aspect vénérable au premier abord, qui repousse ensuite instinctivement. Ils avaient pour mission, disaient-ils, de prémunir les chrétiens contre ce prédicateur, qui faisait de faux miracles, et suivait le parti du mauvais Pape, lequel était tout justement l'antechrist.....

Vincent Ferrier rappela plusieurs fois dans ses sermons ces faux ermites, véritables diables sous forme humaine, qui, en Lombardie, avaient tenté de neutraliser son action.

CHAPITRE VI

Maître Frédéric d'Amberg. — Lyon : pré dévasté, lettre du
Chapitre, soldat contrit. — La compagnie des Flagellants.
— La peste à Gênes. — Le don des langues.

« Il est à noter que l'an du Seigneur 1404, un prédicateur fameux de l'ordre des Jacobins, nommé Vincent Ferrier,
originaire de Valence la Grande, arriva au milieu du Carême
à Fribourg, y prêcha toute une semaine, et, de là, se répandit dans les villes environnantes. »

C'est en ces termes enthousiastes que maître Frédéric
d'Amberg, gardien des Cordeliers de Fribourg, annonce
la venue de notre héros ; il voulut être lui-même son sténographe, le suivit à Morat, Payerne, Avenches, Estavayer,
et recueillit ses sermons que nous avons encore. Là aussi,
les municipalités s'honorèrent des égards rendus au grand
prédicateur. Les foules accouraient par tous les chemins :
on prit des mesures militaires. Comme il ne recevait rien
pour lui-même, on offrit à sa compagnie un gonfalon et
un étendard neufs.

Déjà Chambéry, Belley, Annecy, et toutes ces contrées
avaient reçu la sainte semence. Près de Belley, à la chartreuse de Pierre-Châtel, un jeune religieux fit l'expérience
à ses dépens peut-être, du don qu'avait Vincent Ferrier de
pénétrer le secret des cœurs. Curieux de voir si ce n'était
que fortuit ou qu'un don passager, il obtint la permission
de le suivre jusqu'à la fin de ses jours ; c'est un des
témoins les plus complets qui répondirent à l'enquête
juridique.

Vincent Ferrier achevait d'évangéliser la Suisse, lorsque

maître Jean Goutel, au nom des consuls et de la Grande église de Lyon, vint le chercher au pays de Genève. Le 6 septembre 1404, il fit son entrée dans la ville qui devait rester la plus chrétienne des Gaules. Autour de la cathédrale s'étendait un vaste espace qu'on appelait le Grand-Cloître de saint Jean. Il embrasse aujourd'hui plusieurs rues, 20.000 personnes pouvaient s'y tenir à l'aise ; mais bientôt trop restreint, il fallut élever l'estrade à prêcher dans un immense pré, appelé pré de la Madeleine à cause d'une chapelle élevée à l'un des angles. La municipalité dut payer dix livres au recteur pour dommage causé à son pré par la foule. Emerveillé, le Chapitre de la grande métropole crut devoir envoyer à Valence le compte-rendu de ce qui s'était passé. Ce compte-rendu, froid comme un procès-verbal, et d'autant plus digne de foi, se termine par cette phrase caractéristique : « Les malades venaient à lui en multitudes innombrables, ou il allait les visiter à domicile, et il les guérissait tous par l'imposition de ses mains. »

A cette mission de Lyon se rattache un épisode que le Saint lui-même aimait à raconter, qui se renouvela maintes fois dans la suite, et qui va nous servir de transition pour parler de cette compagnie qui suivit l'apôtre errant sur tous les chemins du vieux monde. Un soldat, dont la conscience était fort chargée, refusa de prendre part à la procession disciplinante, selon la pénitence qu'on lui avait imposée. Il eut peur d'un coup de corde, lui qui n'aurait pas eu peur d'un coup d'épée : le confesseur dut se contenter de l'assistance platonique à la procession. Mais quand le soldat vit cette troupe silencieuse, où se trouvaient même des enfants, se frappant sans pitié jusqu'au sang, la honte le prit ; il arracha des mains d'un enfant l'instrument de pénitence, et en flagella sans pitié sa chair criminelle. Il fallut arrêter son ardeur.

Une multitude d'hommes et de femmes suivit donc Vincent Ferrier tout le long de ses voyages apostoliques : c'est un fait unique dans l'histoire. L'Evangile parle des foules qui suivirent Notre-Seigneur, mais à certains jours seulement.

Dès 1398, durant ses missions diplomatiques en Catalogne, alors qu'il était encore attaché à la cour pontificale, Vincent Ferrier avait organisé cette armée de la pénitence et de la foi. Il vit d'instinct que tous ses efforts demeureraient stériles si une somme suffisante de mérites et de réparation n'ouvrait le chemin des âmes. La nécessité de la rédemption par le sang frappe tout esprit observateur. Il suffit, après la grande victime du Calvaire, de songer aux trois siècles de persécution qui ensanglantèrent l'Eglise naissante, et aux mêmes persécutions inaugurant les Eglises particulières dans tous les pays où nos missionnaires vont porter la foi.

Vincent Ferrier soulevait les masses : l'influence de sa parole fut, sans contredit, un perpétuel prodige ; mais l'enthousiasme qu'il excitait n'était point passager : l'inexorable nostalgie du bien s'emparait des cœurs, et beaucoup, songeant au naufrage de leur vertu, voulurent s'abriter sous cette force qui les avait subjugués un jour. D'autres quittèrent tout pour assister encore et longtemps à ces fêtes sans pareilles de l'âme.

De là, deux troupes bien distinctes : l'une, composée d'environ trois cents personnes, avait littéralement tout laissé pour s'attacher à ce pèlerin de la parole ; d'autres l'accompagnaient plus ou moins loin, selon les nécessités de leur état, ceux-ci furent quelquefois 10.000. Lui, confiant en Dieu et dans la puissance thaumaturgique qui lui était confiée, accepta cette responsabilité. Toutes les lois de la prudence humaine furent d'ailleurs sauvegardées : il fallait pour s'engager définitivement être libre de toute obligation ; les époux devaient se quitter, mais d'un commun accord, et n'avoir pas charge de famille ; les hommes étaient partout rigoureusement séparés des femmes. La pauvreté la plus stricte était observée ; tout, comme au temps évangélique, était mis en commun. Sur ce point, l'apôtre était inflexible ; son intuition surnaturelle dévisageait les coupables, et, plus d'une fois, il en donna de foudroyantes preuves. L'oisiveté n'était point tolérée ; chacun devait aider les gens qui donnaient l'hospitalité, dans la mesure du possible ; le travail des mains était de rigueur. Au reste tous les rangs étaient confondus dans cette compagnie : des prêtres la dirigeaient, des étudiants renoncèrent aux joies du monde, aux gloires de l'avenir et s'enrôlèrent sous l'humble bannière de ce moine qui allait sans gîte assuré pour le lendemain. L'histoire a recueilli, notamment en Bretagne, des noms qui semblent tirés du livre d'or des croisades.

Ceux que nous appellerons « les permanents » revêtaient un costume uniforme d'étoffe grossière, assez semblable à celui des pénitents actuels. Quand on arrivait à la porte d'une ville, la procession s'organisait ; les visages étaient voilés, seules les épaules décemment découvertes ; le silence n'était interrompu que par ce bruit de grosse pluie des coups de discipline sur la chair nue, et de temps en temps par l'évocation douloureuse de la Passion du Christ.

Le long de son chemin, l'apôtre semait ces vaillants de la pénitence ; il en laissait dans les monastères relâchés ; il en laissait là où il fallait appuyer la faiblesse des nouveaux convertis ; il en laissait où les bras manquaient pour les œuvres utiles : des hôpitaux, des églises, des ponts furent construits par eux.

Pendant ce temps, Benoît XIII échappé d'Avignon errait

le long des côtes méditerranéennes avec l'intention, disait-il, de se rapprocher de son rival, Boniface IX, qui siégeait à Rome. Pour preuve de sa sincérité, il vint à Gênes, ville italienne et qui appartenait à la France. Vincent Ferrier, par son ordre, l'y rejoignit ; mais la peste chassa bientôt le Pontife. L'apôtre resta pour consoler les mourants. On le vit prendre l'initiative de cérémonies expiatoires, durant lesquelles, disent les chroniqueurs, ses larmes ne cessèrent de couler. On ne lit pas qu'il ait essayé directement de conjurer le fléau, image et châtiment de ce schisme si funeste. Il le savait trop.

A Gênes cependant éclata une merveille qui durait depuis quatre ans déjà, mais que l'on attribuait aux talens naturels de l'orateur : il s'agit du don des langues que, depuis les Apôtres, nul thaumaturge n'a possédé comme lui. Gênes, cité cosmopolite, réunissait des gens de tous pays, venus là pour leur commerce. Les interprètes y faisaient fortune, et les écrivains polyglottes n'y chômaient guère. Tous assistèrent aux sermons de ce prédicateur célèbre, et tous, à leur grand ébahissement, le comprenaient, car ils avaient pour voisins des hommes avec lesquels ils avaient, la veille, traité des affaires par intermédiaire, faute de se comprendre et qui donnaient tous les signes de l'admiration et du repentir. Il y avait là un mystère ; il fut bientôt éclairci. Après quelques discussions on alla droit au saint, qui leur dit : « Remerciez Dieu, mes amis ; je ne sais que deux langues, le latin et ma langue maternelle, dans laquelle je vous parle, et c'est Dieu qui vous la rend intelligible. »

C'était très simple, en effet, mais on se figure aisément le relief énorme que prit dès lors la renommée de cet homme. Plus tard, quand les Bretons bretonnant comprirent aussi par la grâce de Dieu ce vieil idiome catalan, leur étonnement ne fut pas moindre : ils l'ont dit et répété sans ambages au procès de canonisation.

Et lorsque tous ces commerçants, race avisée, eurent constaté que Vincent Ferrier possédait en outre l'art d'arranger tous les différends, ils conclurent qu'il n'y avait pas au monde une tête pareille, et, retournés dans leur pays, ils se firent ses précurseurs.

CHAPITRE VII

Il semble bien qu'après d'aussi éclatants miracles, aucune gloire ne puisse accroître l'auréole d'un prédicateur et d'un thaumaturge ; il n'en est rien cependant, et, s'il faut en croire un chroniqueur du temps, un prodige plus grand fut accompli ; et ce fut — de réprimer la toilette invraisemblable des femmes, de les empêcher d'aller à l'église la tête découverte et avec des allures provoquantes !

Bien est-il vrai que les Génoises furent très dociles. Un grand tableau de maître, suspendu au cloître de l'un de nos couvents à Gênes, reproduit fidèlement le théâtre et le sujet de ce prodige.

Tout près de Gênes est une église dédiée à sainte Zite, l'humble vierge de Lucques, où la colonie lucquoise avait ses offices et son cimetière. Elle était aussi le siège d'une confrérie de pénitents jadis très florissante, mais dégénérée. Vincent Ferrier réforma les statuts, encouragea les membres demeurés fidèles ; bientôt elle devint l'une des plus célèbres de toute l'Italie. Ce fut sa préoccupation constante de relever ainsi ou d'établir ces sortes de sociétés, l'Europe entière en fut peuplée ; on en trouve encore de beaux restes dans le midi de la France. Il complétait par là l'œuvre de renouvellement qu'opérait sa propre compagnie.

Il continua son apostolat le long de ce pays enchanté qu'on appelle la rivière de Gênes, sur lequel s'étendent nonchalamment au soleil, toujours printanier, San-Remo, Monaco, Nice, Cannes, Saint-Raphael, les îles d'Hyères. Là aussi, comme si l'homme prenait à tâche de troubler de ses fureurs les lieux les plus charmants, les dissensions régnaient acharnées, cités contre cités, familles contre familles. Maître Vincent fut choisi comme arbitre. Sous des châtaigneraies, comme saint Louis sous le chêne de Vincennes, il réunit les parties belligérantes, écouta les griefs, pesa les raisons, et prononça selon la justice sans acception de personne. Pour lui, toute dette était sacrée, tout droit respectable. Ses arrêts, que nous pouvons lire encore, sont marquées à ce coin d'une inexorable équité, en même temps que la clarté de ses décisions rendait toute récrimination impossible. Les officiers publics enregistraient ses arrêts comme ceux des magistrats ordinaires.

A Savone, il renouvela le prodige, réputé impossible, de corriger l'immodestie des femmes. Dans toutes ces contrées, on vous montre avec orgueil des chaires illustrées par lui. Sur la place publique d'un petit bourg appelé Taggia une pierre historiée, qui tranche au milieu d'un pavé peu uni, rappelle l'endroit où s'élevait l'estrade d'où il prêcha. Dans toutes les églises, des tableaux représentent ses miracles, et notamment le fameux maçon de Barcelone. Enfin, dans toutes les familles un des enfants porte le nom de *Vincentino* ou *Vincentina*, en souvenir de lui.

Sur ce chemin discret qui ne garde pas de traces, et que nos Bretons connaissent si bien, la mer, Maître Vincent se transporta des bords de la Méditerranée aux rives de la mer du Nord dont Bruges était l'entrepôt, comme Gênes pour le midi.

Dans la basilique de Notre-Dame de la Treille à Lille, des vitraux rappellent les quatre grands personnages qui l'ont visité: saint Louis, saint Bernard, saint Thomas de Cantorbéry et *saint Vincent Ferrier*.

Les chroniqueurs flamands chantent ses louanges avec un enthousiasme qui semble peu fait pour ces climats glacés.

A Saint-Omer, dans notre couvent, on a conservé jusqu'à ces derniers temps sa tunicelle. Le reliquaire était riche: un voleur qui anticipait les exploits de la Révolution ne put retrouver la porte pour s'enfuir, et fut pris son butin à la main.

A Bruxelles, Isabelle de Portugal, duchesse de Brabant, obtint de Calixte III la permission de fonder un couvent sous le vocable de saint Vincent Ferrier, reconnaissante du bien qu'il avait fait en Belgique et dans les Flandres.

Il évangélisait Arras lorsque le roi Henri IV d'Angleterre l'appela dans ses Etats. Mais il faut s'entendre ici. — Tous les historiens ont affirmé qu'il a parcouru les trois royaumes d'Angleterre, d'Ecosse et d'Irlande. C'est inexact. Il s'agit des fiefs que le roi d'Angleterre possédait sur le continent français, en Normandie notamment, et l'apôtre n'y alla que plus tard, ainsi que nous le verrons dans la suite de ce récit.

Que le roi d'Angleterre ait tenu à honneur de l'avoir dans ses Etats proprement dits, ce n'est pas douteux ; mais lui, au courant des destinées du monde, refusa. Il est dit quelque part qu'il fit au roi de sinistres prédictions. Elles furent singulièrement sinistres, en effet, si, dans un tableau rapide, il fit passer devant ses yeux Henri VIII, Cromwell, la reine Elisabeth bourreau de Marie Stuart, l'immense déchéance de *l'Ile des Saints* livrée tout entière au protestantisme, le mercantilisme glacé de cette nation sans entrailles qui, pendant des siècles, a torturé la catholique Irlande, et vendu à 200.000.000 d'Indiens l'abrutissement et la mort.

Vincent Ferrier n'a évangélisé en somme que trois peuples : la France, l'Espagne, et l'Italie ; qu'on vienne dire qu'il ne voyait pas clair dans l'avenir, ou que son action n'a pas été assez profonde pour neutraliser, jusqu'à présent du moins, chez ces trois peuples, tous les efforts de l'enfer.

Nous sommes arrivés à une époque où la route suivie par Maître Vincent se perd ; les chemins se croisent en labyrinthe, comme si la boussole qui le guidait se fût affolée. C'est qu'en effet il subissait deux influences contraires, également puissantes et sacrées pour lui toutes les deux : la nécessité de son apostolat, et son respect pour la papauté, pôle unique des âmes. Le Pape Benoît XIII errait toujours ; et, plus que jamais, il avait besoin du prestige que lui donnait Vincent Ferrier. Il multipliait donc ses appels. Toujours soumis, l'apôtre obéissait, la tristesse dans l'âme, mais il obéissait.

Si l'on s'en rapporte aux auteurs, et ils sont nombreux, qui ont écrit de lui dans les divers pays qu'il a traversés à cette époque il serait à peu près en même temps à Clermont-Ferrand, à Gênes, à Lyon, dans le Milanais et dans nos provinces du Sud-Ouest. Les faits sont réels, mais la chronologie est inexacte. Ce qui est certain à tous les points de vue, c'est qu'au milieu de l'année 1405, il était à Lyon où il prédit l'assassinat du duc d'Orléans, frère du roi de France, arrivé, en effet, le 22 novembre de cette année.

Malgré les assertions contraires, la mission de Clermont n'eut pas lieu en 1407, mais en 1417. En revanche, sa présence à Gênes n'est pas douteuse, car une chronique autorisée dit que, « au commencement de mars 1407, le pape

Benoît XIII ayant écrit aux Gênois qu'il était disposé à céder le souverain Pontificat pour la paix.de l'Église et demandant des prières pour la bonne issue de cette grosse affaire, le 12 mars, fête de saint Grégoire, l'archevêque célébra pontificalement la messe du Saint-Esprit ; tout le clergé et le gouvernement y assistèrent, et Maître Vincent y prêcha avec une admirable force d'esprit. »

Malheureusement les belles dispositions du Pontife ne furent pas de longue durée ; peut-être même est-il permis de douter qu'elles fussent sincères. « On fit, dit tristement un autre chroniqueur, de pompeuses cérémonies à Gênes pour la cessation du schisme, mais rien n'aboutit parce que les deux papes parlaient beaucoup et que les actes ne correspondaient pas aux paroles. »

Plus au nord de l'Italie, à Verceil, l'apôtre avait réussi à faire cesser les rivalités insensées qui résultaient de la lutte entre le sacerdoce et l'Empire. On lui attribua même d'avoir inauguré « un régime politique assez habilement combiné pour assurer en même temps l'honnêteté et la dignité des citoyens, d'avoir fait des lois et rédigé des statuts dont le temps n'a pu affaiblir la saine vigueur. » Mais sa situation de subordonné le rendait impuissant vis-à-vis des maux de l'Eglise : il lui fallait grandir encore, et que la logique des choses ne permît plus à sa conscience de reculer, pour briser des résistances auxquelles, en toute autre conjoncture, il eût été le premier à se soumettre.

CHAPITRE VIII

Rêve du martyre. — L'Aveugle de la Corogne. — Saint Jacques de Compostelle. — Grenade et les Alfaquins. — La Juive d'Ecija. Séville et Cordoue. — En route vers le Nord. — Heureux monastère. — Ville maudite. — Les femmes de Cuenca. — Saint Sébastien : le berger Popilíus, — Jésuites dominicains. — Vive Navarre !

Mais cette impuissance le torturait ; il y chercha une diversion dans des voyages apostoliques lointains. Pèlerin au tombeau de saint Jacques de Compostelle, il gravit lentement le chemin qui monte au sanctuaire, et pria longtemps aux stations qui le précèdent ; c'est du moins ce que permet de conjecturer un passage de ses sermons. A la Corogne il projette de passer aux pays barbaresques et rêve le martyre. Un jour, au sortir de l'office, un aveugle se présenta, comme tant d'autres, implorant sa pitié : « Je ne fais pas de tels miracles, répondit-il brusquement. D'où êtes-vous ? » — « D'Oviédo ». — « Retournez à Oviédo, allez à la cathédrale, prosternez-vous devant le Christ et demandez-lui de vous guérir, vous serez exaucé. » L'aveugle n'hésita pas, il fit le voyage. Arrivé devant l'image sainte : « Seigneur, dit-il, Frère Vincent m'envoie pour que vous me guérissiez. » L'image sainte ratifia la parole de Frère Vincent, qui devait avoir ses raisons pour agir ainsi, car on ne trouve pas d'autre fait semblable dans sa vie.

Les envoyés du roi maure de Grenade l'atteignirent vers ces parages. Il suivit la voie que la Providence lui traçait, heureux de porter la lumière au cœur même de l'infidélité. Les voûtes de l'Alhambra s'ébranlèrent à cette voix puis-

sante : la terreur des justices divines troubla ces ensom-
meillés d'un sommeil de mort. Dès la première semaine,
8000 musulmans demandèrent le baptême. Le roi lui-même
songeait à les imiter, mais les Alfaquins, marabouts et
muphtis le semoncèrent vigoureusement et le menacèrent
d'une révolte générale s'il renonçait au culte de Mahomet.
Le faible monarque céda, il remercia Maître Vincent, et le
renvoya, disant comme il est écrit aux saints Livres : « Tu
ne plais pas aux satrapes. » Grande fut la douleur de l'a-
pôtre lorsqu'il apprit, quelques mois plus tard, la mort de
ce roi qui avait laissé passer la grâce de Dieu.

D'étape en étape, à travers l'Andalousie, il gagna Séville
et Cordoue. Sur la route, une ville, qu'on peut voir encore
toute blanche comme au temps des Maures, arrêta sa
marche, Ecija. Là, une juive opulente ne prétendit rien
moins qu'arrêter l'élan qui entraînait vers la foi chrétienne
la masse de ses coreligionnaires. Elle affichait tout haut
cette prétention. Un jour, pour marquer son mépris, elle
voulut sortir au beau milieu du sermon. La foule était
compacte, on commençait à murmurer : « Laissez sortir
cette femme, dit l'orateur. Cependant que ceux qui sont
sous le porche s'éloignent. » Il dit ; et quand la juive passa
un éboulement se produisit qui la couvrit de pierres et de
débris. On la releva sanglante et inanimée. Tous attendaient ce que ferait le saint. Lui enfin, au milieu de la stupeur générale, s'écria : « Femme, au nom de Jésus-Christ,
reviens à la vie. » Elle reprit aussitôt ses sens et toute trace
de blessure disparut. Devenue plus modeste, elle reçut le
baptême. En reconnaissance, elle fonda à perpétuité une
fête solennelle destinée à célébrer annuellement la mémoire
de ce prodige ; seuls les Dominicains devaient y prêcher.
J'ai vu le dernier qui, acteur et témoin dans cette solennité,
y a prêché l'année qui précéda l'exclaustration à

jamais funeste de 1835. Il s'appellait don Martial Pérez de Mina et vit encore.

A Séville, à l'ombre de la Giralda, s'étend un vaste espace planté d'orangers, au fond duquel on honore une statue miraculeuse de la sainte Vierge ; c'est là que prêcha Vincent Ferrier. Un peintre de génie reproduisit cette prédication ; et son tableau a été gravé parmi les chefs-d'œuvre espagnols par la maison Goupil à Paris.

A Cordoue, l'immense mosquée aux mille colonnes, sur laquelle, depuis le roi conquérant, étincelait la croix du Christ, ne put contenir les auditeurs. Il implanta si profondément la foi dans ces contrées que l'influence ou plutôt l'oppression des Juifs et des Maures subit une éclipse. Les chrétiens reprirent courage ; ils se reconnurent le droit et le devoir de constituer par eux-mêmes une société dont l'Evangile était le code, et ne permirent plus aux mécréants de former un Etat dans l'Etat. Lorsque, un siècle plus tard, les rois catholiques frappèrent leur coup de maître, en expulsant du sol de l'Espagne Maures et Juifs, ils ne firent que tirer des conséquences d'un argument dont Vincent Ferrier avait posé les prémisses.

Humble satellite tournant toujours dans l'attraction du soleil de l'Eglise, il se dirigea sur l'ordre de Benoît XIII et à grandes marches vers le nord de la Péninsule, non cependant sans exercer le ministère de prédicateur à lui divinement confié. Il ne fit alors que traverser Tolède, sûr d'y revenir, et où le terrain devait être déblayé plus encore qu'en Andalousie, pour qu'elle devint la métropole catholique d'Espagne.

Rapide, ce voyage laissa néanmoins des traces ineffaçables, grâce à d'ingénieuse industrie ou à l'effet produit par les miracles. A Guadalascara, on avait la manie des serments à tout propos : il la fit tomber au moyen d'un proverbe qui se répandit bientôt dans tout le pays, et que les bergers basques chantent encore, sans en connaître l'origine (1).

Lupiana n'était qu'un monastère de Hiéronymites, mais toute la contrée en vivait : Vincent Ferrier se contenta d'en baiser le sol avec respect, disant à ces bons moines qu'il voyait dans l'avenir des générations de saints succédant aux générations qui déjà dormaient dans la terre bénie. On raconte que les religieux voulurent éprouver la vérité de cette assertion, et déterrèrent quelques-uns de leurs morts qu'ils trouvèrent en effet bien conservés et répandant une odeur suave.

Apercevant de loin l'antique Alcala, il eut un mouvement de prophète maudissant les villes d'Israël : « Abîme d'iniquité, dit-il ! », et il passa. Quelque temps Université, Alcala tomba sous la dépravation excessive de ses mœurs.

A Cuenca, la morale n'était guère mieux observée. Les hommes comprirent aisément leurs torts, mais les femmes, furieuses de se voir abandonnées de leurs complices, s'ameutèrent et chassèrent l'apôtre par une petite porte alors en construction et qui ne fut jamais achevée en souvenir de cet exploit.

La vieille cité de Burgos l'entendit, et devint ce qu'elle a été depuis, un centre de foi véritable et d'esprit chrétien.

Non loin de Burgos, au fond d'une plaine immense, nue, battue des vents, semblable aux ondulations d'une mer fatiguée de tempêtes, s'élève le petit village de Caleruega que domine le manoir féodal des Guzman. Là, saint Dominique avait vu le jour. Vincent Ferrier, à ce berceau béni, alla chercher la force d'accomplir jusqu'au bout sa difficile mission, et une bénédiction pour l'Espagne leur commune patrie.

(1) Les curieux pourront en voir la musique dans la grande *Histoire de saint Vincent Ferrier*, tome I, p. 221.

Nous voici dans le pays Basque, au langage plus incompréhensible encore pour les profanes que le bas-breton. Saint Vincent Ferrier, à coup sûr, ne put s'y faire comprendre qu'en vertu d'un miracle de premier ordre.

Saint-Sébastien, séjour charmant comme la presqu'île de Rhuys, est aussi une presqu'île, et il ne faudrait pas un grand effort à l'océan, en un jour de colère, pour engloutir ce mince et beau coin de terre. Saint Vincent Ferrier le prédit aux habitants, et aussi que le feu détruirait leur ville : ce qui s'est réalisé complètement en 1813. Il savait que la crainte est la continuation aussi bien que le commencement de la sagesse. Il eut là, du reste, son succès habituel. Un berger, qui gardait ses moutons dans la montagne, entendit parler de cet homme extraordinaire, et il lui prit bonne envie d'aller l'entendre. Mais personne pour garder ses moutons. Bravement, il se recommande à lui dans son cœur, trace un cercle autour de son troupeau avec défense d'en sortir, et va. — Il ne s'ennuya point au sermon, mais il ouvrit des yeux tout ronds d'étonnement quand il entendit le prédicateur dire en propres termes à la fin d'une phrase : « Tout comme ce berger qui est là, et qui a laissé ses moutons seuls sur la montagne. » Les moutons, du reste, avaient été bien sages.

Nous sommes ici en pays de foi, et par conséquent de traditions. A Victoria, chef-lieu ecclésiastique des provinces basques, vous trouveriez encore bon nombre de familles toutes fières de remonter aux juifs convertis par Maître Vincent (1).

____

(1) Au n° 20 de la Grand'rue à Tolosa, une vieille maison, portant une enseigne religieuse, tranche sur les autres plus ou moins renouvelées. Là, on conserve l'appartement qu'occupa le saint. Lorsque passe un régiment, le colonel se fait un honneur d'y coucher pour porter bonheur à ses armes.

Deux hommes sont venus après Vincent Ferrier, nés dans ces contrées fécondées par lui de germes divins : Ignace de Loyola et François de Borgia ; l'un fondateur, l'autre général de la Compagnie de Jésus, tous deux grands saints, tous deux canonisés. Ils n'ont pas réussi à éteindre sa gloire ; seules les traditions se sont confondues, car il n'est pas rare de trouver là-bas sur les autels, ou dans les carrefours, saint François de Borgia en habit de dominicain ; et telle relique que ces braves gens honorent de toute leur dévotion, comme étant de saint Vincent Ferrier, ne remonte pas plus loin que le même saint François.

Mondragon est plus riche encore en souvenirs. La chaire où il monta porte une inscription avec date précise fort commode pour l'historien : « *Dans cette chaire prêcha saint Vincent Ferrier en 1408.* » Les prêtres baisent toujours la première marche avant d'y monter à leur tour. Quand l'inondation menace de tout détruire, on n'a qu'à mettre sa statue au bord des eaux torrentueuses, dès qu'elles en ont touché le pied, elles s'arrêtent comme par enchantement. Aussi est-elle encore très florissante la Confrérie de Pénitents établie par lui. On lui a élevé une chapelle superbe de plus en plus ornée par la dévotion des fidèles. On y correspond avec Vannes pour des intentions de messes.

Vincent Ferrier séjourna peu de temps en Navarre. Il n'avait pas besoin de lui, ce peuple qui est à l'Espagne ce que les Bretons sont à la France, fidèle à Dieu par dessus tout. Au centre de Pampelune, une inscription en lettres de bronze dit le jour où les Navarrais reçurent le baptême des mains de leur premier apôtre.

CHAPITRE IX

Trois conciles. — Ce que pensait Vincent Ferrier. — Le
moine de Villeneuve-lez-Avignon. — Caresse précoce. —
Démoniaque volant. — Un heureux *ventero*. — Miracles
étranges. — Visite d'Ange gardien. — N.-D. de Montserrat.

On attendait Maître Vincent à Perpignan. Benoît XIII y
avait convoqué un concile. Il faut appeler cela de ce nom
respectable, mais il s'applique mal. — Un concile est dans
l'Eglise de Dieu une heure de solennel recueillement : elle
y constate la route parcourue, appelle l'erreur à son tribunal, et l'audace impie à sa barre maternelle. De l'erreur
étudiée sort toujours la lumière, de même que le sang des
martyrs est toujours une semence. L'audace révoltée a
bientôt usé ses violences contre cette autorité calme faite
surtout de patience et de miséricorde. C'est une étape vers
la vérité sans ombre, durant laquelle le chrétien est fier à
la fois et consolé. Mais au temps de notre héros le trouble
était partout ; aux choses même essentielles s'attachaient
des doutes pénibles, les mots les plus sacrés n'éveillaient
que des idées confuses.

Il y avait deux conciles simultanés, trois bientôt, comme
trois pontifes : société tricéphale ou à trois têtes, objet de
risée pour ses ennemis, de tristesse pour ses enfants.

Des cardinaux s'étaient séparés du pontife de Rome dans
la bonne intention de faire cesser un pareil état de choses,
mais ils ne s'apercevaient pas que, battant en brèche l'autorité légitime, ils devenaient un obstacle au lieu d'être un
moyen. Ils se réunirent à Pise. Le Pontife abandonné appela
ses fidèles à Cividale, dans le Frioul ; enfin Benoît XIII eut

son concile de Perpignan où Vincent Ferrier fut personnellement invité.

Sa pensée s'y dégage très nette. Sans révoquer en doute la légitimité de Benoît XIII, il voulait le faire arriver à une démission nécessaire au bien général ; aussi appuya-t-il moralement le concile de Pise en y faisant envoyer son frère Boniface, le général des Chartreux, comme plénipotentiaire, et inspira-t-il aux cardinaux de Perpignan une déclaration par laquelle ils reconnaissaient Pierre de Lune pour vrai pape, mais le suppliaient de poursuivre efficacement l'union de l'Eglise même en renonçant au pontificat, si les autres voies n'aboutissaient pas. Il ne s'occupa d'ailleurs pas davantage des travaux du concile qui agonisa durant quelques mois, et s'éteignit tout à fait le 9 avril 1409. Il n'en sortit rien, pas même la renonciation du Pontife qui ne fit que des réponses vagues pleines de réticences.

Pendant ce temps, l'apôtre s'occupait des âmes, régénérait les masses et poursuivait efficacement, lui, sa mission apostolique. Une chronique contemporaine que gardent les archives de Montpellier, nous fait connaître jour pour jour les endroits où il prêcha, le texte et le sujet de ses sermons. « Ils durent faire grande impression, observe un historien, pour qu'un recueil de faits courants soit ainsi entré dans les détails. »

Quand il prêchait à Nîmes, il y avait, au monastère de Villeneuve-lez-Avignon, situé à 40 kilomètres, un religieux fort désireux d'entendre ce prédicateur dont tout le monde parlait, mais son Abbé lui refusa la permission. Il monte alors au clocher, priant Dieu de supprimer la distance. Ainsi fut fait, et l'apôtre, qui en eut l'intuition, ne manqua pas de dire à son auditoire. « Profitez des bienfaits de Dieu ; il y a par là-bas tel moine, moins heureux que vous, qui aurait bien voulu assister au sermon ; il ne l'a pu, mais Dieu a béni son bon désir, et il est en train d'écrire tout ce que je vous dis. »

Le roi d'Aragon, Martin, qui tenait sa cour à Barcelone, lui écrivit de venir pour affaires importantes : c'était un pressentiment, car les affaires qu'on y traita furent autrement graves que celles pour lesquelles on l'appelait. Il s'y achemina lentement, prêchant sur son chemin. La route qu'il suivit est la même que la voie ferrée d'aujourd'hui, par Elne, Gérone, Granollers, Barcelone. Elne était alors un évêché, transporté, deux siècles plus tard, à Perpignan. La municipalité y était en querelle avec ses administrés au sujet d'une redevance au Pape : l'apôtre, pris pour arbitre, comme partout, décida contre la municipalité qui se soumit.

Gérone, jolie ville bâtie en amphithéâtre, lui donna 20.000 auditeurs. De l'escalier qui conduisait à l'église de notre couvent il se fit une tribune. Une pierre encastrée dans la muraille redit ce qu'il leur dit : « Après le juge-
« ment dernier, quand les anges vous accompagneront au
« ciel, à chacun de vous, ils chanteront : Heureux le temps,
« heureux le jour, où vous avez quitté le péché ! Heureux
« le temps, heureux le jour où vous vous êtes attachés au
« Christ ! »

Là, une pauvre femme, que son mari jaloux rendait martyre, vint lui porter ses doléances : « Bien, dit-il, venez ce soir au sermon avec votre enfant. » Au milieu du sermon, il avise l'enfant qui avait huit mois, et lui dit : « Va embrasser ton père. » L'innocent se détache du sein maternel et va tendre ses petits bras à un homme aux traits altérés caché dans un coin sombre. — Cette caresse précoce ramena la paix à ce foyer troublé.

Un envoyé du roi qui s'impatientait le rejoignit comme il se disposait à quitter Gérone, et lui remit sous pli cacheté les commissions royales. Il y répondit, et plus tranquille se détourna vers Vicq.

En ce temps-là d'atroces discordes y maintenaient le malaise et la ruine. L'éloquence de l'apôtre fut telle que, devant ces foules consolées, les chefs des partis vinrent se tendre la main, et sceller par de solennels serments une paix qu'on ne croyait plus possible.

Un jour, pendant la prédication, cinq hommes connus de tous, se mirent à hurler à la façon des bêtes fauves ; puis on les vit s'élever en l'air et planer d'un vol sinistre sur l'assemblée terrifiée. Dieu avait-il permis cette puissance extraordinaire de l'esprit mauvais sur eux pour les punir de leur obstination à ne pas pardonner ? C'est ce qu'on peut conjecturer de la remarque d'un auteur. Quoi qu'il en soit, ce fait corrobora singulièrement les discours de l'apôtre, qui, on le devine, chassa bientôt l'ennemi du corps de ces hommes.

3ooo personnes l'accompagnèrent à son départ. Entre Vicq et Granollers, un labyrinthe de montagnes sans autre chemin que des sentiers de mulets ; d'auberges, peu ou point : il s'en trouva une cependant appelée *Venta de Grua*. Le pauvre *ventero* fut effrayé de tout ce monde : « Père, dit-il à Maître Vincent, vous menez avec vous toute une armée, où voulez-vous que nous prenions les provisions nécessaires ? » — « Donnez ce que vous avez. » Tout juste cinq pains et une outre de vin. — Tous mangèrent, et il en resta, et le vin était excellent. Le *ventero* ne laissa point partir un pareil thaumaturge sans le prier de bénir sa maison.

Barcelone, qui se souvenait de ses premiers prodiges, alla toute entière au devant de l'apôtre. Le roi le reçut aux portes de la ville, exaltant tout haut la miséricorde de Dieu qui envoyait à ses peuples un pareil sauveur ; la municipalité vota 3oo florins d'or, somme énorme pour le temps ; les Dominicains durent raser leur jardin immense pour offrir à la foule un espace suffisant. Les miracles se succédaient, éclatants, parfois étranges : telle cette endémoniée furieuse qu'il guérit en plein marché.

Et il confia directement aux puissances célestes la durée des résultats. Un jour, revenant de la promenade avec son compagnon, il aperçut, sur la porte de la ville, un beau jeune homme, l'épée nue à la main. Sa science intérieure lui dit que c'était un ange : « Ange de Dieu, que fais-tu là ? » — « Je garde cette ville par l'ordre du Très-Haut. » Mais lui seul le voyait. Très étonnés d'entendre parler sans voir personne, les promeneurs s'attroupèrent. « Je vous expliquerai cela demain », dit le saint. Et à son premier sermon il expliqua la vision, donna le signalement de l'ange, et engagea chaleureusement les Barcelonais à rester dignes de leur céleste protecteur. En mémoire du fait on bâtit dans l'épaisseur de la muraille une chapelle dédiée à l'ange gardien. Lorsque Barcelone agrandit son enceinte, les murailles furent démolies, mais la rue garda le nom de Rue de l'*Ange-Gardien*.

En sortant de Barcelone, l'apôtre alla faire son pèlerinage à Notre-Dame de Montserrat, qui est à Catalogne ce que Sainte-Anne d'Auray est à la Bretagne.

CHAPITRE X

Une opinion assez accréditée tendrait à faire considérer
comme adversaires les Jésuites et les Dominicains : c'est
peut-être qu'on ignore les liens qui unissent les deux
Ordres. Quand l'officier blessé à Pampelune fut guéri (c'est
Ignace de Loyola que je veux dire), il partit, cherchant sa
voie. Il alla d'abord s'enfermer au monastère de Montserrat,
et là, il apprit ces principes de stratégie chrétienne qu'il
sut si bien depuis mettre en ordre de bataille dans ses
immortels *Exercices*. Mais la lumière ne se fit pas complète
au fond de cet esprit puissant et positif. Soucieux encore,
il descendit le chemin de la sainte Montagne, et, guidé par
l'esprit intérieur, il marcha jusqu'à ce que, arrivé devant
une porte qui semblait lui barrer le passage, une voix dis-
tincte lui dit : « Entre. » Cette voix était, ni plus ni moins,
la voix miraculeuse d'une statue de la sainte Vierge placée
sur la dite porte, qui n'était autre elle-même que celle du
couvent des Dominicains de Manrèze.

Le Prieur, Guillaume de Pellaros, reçut cet étranger,
l'écouta, sonna son frère portier, et lui ordonna d'aménager
une sorte de réduit assez semblable à un cachot, au-dessous
de sa propre cellule.

Pendant un an Ignace vécut là. Et l'on pouvait voir la
nuit le long des grands cloîtres une ombre passer et repasser,
traînant une lourde croix.

La statue qui lui parla et la croix qu'il portait sont encore à la disposition des pèlerins et des curieux.

Au bout d'un an, le Prieur permit à son pénitent de se retirer dans une solitude plus profonde, au fond d'une grotte située à quelque distance, humide et sombre alors, aujourd'hui couverte de marbre et d'or.

Avant saint Ignace, Maître Vincent avait fait le chemin qui va du Montserrat à Manrèze. Trente florins d'or furent votés pour le recevoir. Il enthousiasma les foules comme partout ; comme partout il laissa la paix, premier bien de ce pauvre monde.

Saint Ignace retrouva tout vivant encore son souvenir à Manrèze. Il dut l'invoquer bien dévotement, car c'est à son autel qu'il eut la vision de la très sainte Trinité, ainsi que le témoigne l'un des médaillons en marbre précieux qui ornent sa grotte.

Notre héros va de la Catalogne à son beau pays de Valence en suivant plus ou moins le littoral, ou s'enfonçant dans l'intérieur des terres selon les besoins des populations. Il avait fait ses études théologiques à Lérida, et y avait eu pour maître un saint religieux qu'on appelait le Père Thomas Carnicer. Il s'interrrompit un jour dans un sermon pour lui rendre un hommage bien mérité, puis ajouta « Ouvrez son sépulcre, vous trouverez le corps intact comme au jour de la sépulture. » Il y avait de cela quarante ans. Le corps fut retrouvé comme on l'avait dit, intact.

Ceux qui ont fait leurs études savent qu'à Lérida César prononça son fameux mot : « Je suis venu, j'ai vu, j'ai vaincu. » Maître Vincent pouvait en dire autant, et pas seulement à Lérida mais partout.

Il dut, sur un appel du Pape, revenir à Barcelone où la peste régnait. Les obstacles n'étaient plus sans doute les mêmes qu'à Gênes, puisque, disent les témoins, à peine eut-il exhorté le peuple à la pénitence, *aussitôt* la peste cessa. Mais comme la mort vient tôt ou tard frapper les papes et les rois aussi bien que les autres hommes, à ses augustes auditeurs il enseigna une prière pour bien mourir (1).

De Barcelone à Valence, la plus importante ville est Tarragone, Valence même en dépendait comme province ecclésiastique. Sainte Thècle, la première martyre, à qui la cathédrale est consacrée, y avait un riche patrimoine dont les chanoines, de temps immémorial, avaient l'administration. Sous prétexte de santé, le roi Pierre IV voulut s'établir à Tarragone et déposséder les chanoines. Ceux-ci résistèrent, comme c'était leur devoir, tout en usant des procédés les plus respectueux. Le monarque s'obstina ; et, de guerre lasse, les chanoines finirent par céder. Mais sainte Thècle ne céda point : le jour ou plutôt la nuit de Noël, une très belle dame resplendissante de clarté entra, sans être annoncée, dans l'appartement du roi, et en guise de réveillon le souffleta vigoureusement. — Le roi comprit ; et, comme il était homme de foi malgré tout, il fit appeler son confesseur avant son médecin. Il mourut trois jours après.

(1) Je la donne ici textuellement, priant mes chers Bretons de la mettre dans leur livre préféré, sauf à eux de la faire traduire par leur recteur en *Gailo* ou en *Brezonnec* :

« Domine Jesu Christe, qui salvas omnes et neminem vis perire, « et cui nunquam sine spe misericordiæ supplicatur, dixisti enim ore « sancto et benedicto : quidquid petieritis Patrem in nomine meo fiet « vobis ; precor te, et propter nomen sanctum tuum, ut in articulo « mortis meæ des mihi integritatem sensus cum loquela, vehemen- « tem cordis contritionem de peccatis meis, veram fidem, spem ordi- « natam, charitatem perfectam, ut tibi puro corde dicere valeam : In « manus tuas, Domine, commendo spiritum meum, qui es benedictus « et gloriosus in sæcula seculorum. Amen. »

Un codicille de son testament recommandait avec instance à son héritier de remettre à Tarragone les choses dans leur état primitif : l'héritier ne se pressa point, il mourut d'une chute de cheval en poursuivant un loup. Les circonstances de cette chute furent assez extraordinaires pour que les clairvoyants aient pu y reconnaître encore la main de sainte Thècle.

Le trône revenait dès lors à don Martin, l'ami de Vincent Ferrier, dont le premier soin fut de lui écrire de s'exécuter sans retard, s'il voulait éviter le sort de son père et de son frère. Le nouveau roi ne se fit point prier ; et, quand l'apôtre parut à Tarragone, on lui fit grande fête. Et sainte Thècle bénit si bien ses prédications que le succès ne laissa rien à désirer.

Montblanch est une petite ville perdue au milieu des monticules dont la Catalogne est couverte. Elle était plus importante jadis, et il s'y est tenu des *Cortès* qui sont les Parlements espagnols. Vincent Ferrier y fit de gros miracles, ce qui était sa manière d'aller vite et profond.

Un homme, nommé Mathieu Studet, devenu sourd à la suite d'une maladie grave, était en outre pris d'accès de frénésie qui le faisaient se jeter sur les passants. On le chassa, et il vécut longtemps dans les bois, véritable bête fauve, se nourrissant de végétaux et d'animaux crus. Un avertissement céleste lui dit en songe de se rendre à la ville où il serait guéri. Il va sans crainte, et ne trouvant personne, il entre à l'église comble. — A l'issue du sermon, le thaumaturge réalisa le songe.

Un maçon qui réparait l'église tomba et fut relevé grièvement blessé. Averti, Maître Vincent le remit sur pieds d'un signe de croix. « Sauf, dit-il, que la sainte Vierge vous prie d'achever gratuitement pour l'amour d'elle la réparation de son temple. »

Un perclus, qui mendiait depuis quinze ans à la porte de cette église, retrouva la liberté de ses mouvements sous la bénédiction de l'apôtre. Enfin, son âne ayant besoin d'être ferré, il eut recours au maréchal du lieu, et le bénit aussi en guise de remerciements. Le maréchal peu courtois ne se contenta pas de cette monnaie, et commençait à jurer vilainement. Sur un signe de son maître, l'âne se déchaussa de ses quatre pieds. — Ceci n'est qu'une légende.

Non loin de là s'élevait le monastère cistercien de Poblet, merveille d'architecture. Les rois d'Aragon, depuis et y compris le roi conquérant, y avaient leurs tombeaux, comme à Saint-Denis les rois de France. En 1835, tout a été dévasté. Aucune expression ne peut rendre la tristesse qui saisit l'âme devant cette immensité désolée, couverte de débris, de colonnettes, de statues mutilées, de pierres sépulcrales. Et c'est pour en arracher quelques objets de valeur, qui, du reste, n'y étaient pas, que ces odieux profanateurs ont saccagé ces monuments, gloire de l'Espagne, avec la connivence des autorités régnantes. Pauvres autorités !

CHAPITRE XI

Valence qui, depuis quinze ans, n'avait pas revu son glo-
rieux enfant, l'appelait à missives redoublées, et l'attendait
avec une impatience fiévreuse ; les dissensions intestines en
étaient venues au point que « les honnêtes gens ne vivaient
qu'autant qu'il plaisait à l'audace des méchants ». Il s'y
achemina. Mais on ne voyageait pas alors comme aujour-
d'hui. Ayant en outre beaucoup à faire, il mit à profit son
voyage.

Gandesa, toute fière de son titre récent de *cité*, — car il
faut savoir qu'en Espagne les titres honorifiques, tant des
personnes que des lieux, sont choses sacro-saintes — avait
un alcade ou maire qui, lui, ne méritait pas grand honneur. Le saint ayant oublié sa chape, l'alcade s'en fit par
moquerie un jupon : il mourut peu après de la rage.

Sur la place de Tortose deux vieux balcons rouillés me-
nacent ruine : on les conserve tels quels cependant parce
qu'ils servirent de chaire à Vincent Ferrier. Mais cette place
étant trop petite, il fallut, de l'autre côté de l'Ebre, élever
l'estrade à prêcher sur un emplacement immense planté en
quinconce. Un pont de bateaux unissait les deux rives. Le
21 mars 1410, jour du Vendredi-Saint, toute la population
valide de Tortose se rendit au sermon, si bien que, sous le

poids, le pont se rompit. On juge des clameurs que poussa la foule. Aussitôt fort heureusement apparut le thaumaturge. D'un signe de croix, il remit tout en place.

Il prêcha bien, mais ce miracle prêcha mieux encore. On en parla au loin. Quand il arriva dans Morella, sa chape, vraisemblablement la même qui avait donné la rage à l'alcade insolent, fut mise en lambeaux ; mais cette fois comme relique. Il fallut envoyer à Valence acheter de quoi faire une chape neuve. Elle coûta 108 sous, 9 deniers à raison de 12 sous 1/2 l'aune.

Avant de quitter ces braves gens, il leur fit en chaire cette solennelle prophétie : « D'ici huit jours, éclatera un coup de tonnerre dont le bruit retentira par tout le royaume ; il s'ensuivra les plus funestes effets et des morts nombreuses. » Huit jours après, on apprenait la mort du roi Martin, et l'ouverture de cette succession si embrouillée qui, pendant trois ans, déroutera les esprits les plus perspicaces et découragera les meilleures volontés, jusqu'à ce que Vincent Ferrier s'en mêle.

L'enthousiasme faisait traînée de poudre. Les habitants de Cati allèrent au-devant de lui jusqu'à un sanctuaire situé à deux lieues de distance ; ils étaient chargés de pain, de vin et de fromage pour rafraîchir sa compagnie.

En ville, ce fut bien autre chose. On avait mis à contribution les marchés voisins pour avoir des victuailles : on avait même engagé un cuisinier célèbre nommé Macerot, uniquement chargé de préparer le dîner du saint ; on remit à ses mains habiles les éléments d'une sauce qui coûtèrent 3 livres 2 sous.

Le bien opéré répondit aux dispositions.

Quand le saint partit, toute la ville l'accompagna. Après 1500 mètres, il se retourna et dit : « Adieu, mes enfants ». — « Non, dit la foule. » Et on marcha encore une demi-lieue, jusqu'au sommet d'un monticule. Là, le saint, de son pouce miraculeux, traça une croix sur une pierre comme dans de la cire. « Vous ne viendrez pas plus loin, mes enfants », répéta-t-il. Il fallut bien s'arrêter ; mais, à la première étape on éleva un petit monument, au fond duquel Vincent Ferrier est peint sur faïence, entouré de gens qui pleurent ; et, au sommet du monticule, on construisit une véritable église qui ferait honneur à bien des paroisses. Le petit monument et l'église subsistent encore, et, dans celle-ci, la pierre avec la croix creusée *comme si c'eut été de la cire !*

Quelle est la distance de Cati à San Mateo ? — Quatre lieues longues ! — Quand les Aragonais vous disent cela, vous pouvez vous en rapporter à eux ; et les lieues de Bretagne, déjà respectables, sont de toutes petites filles comparées aux lieues que dut faire alors Maître Vincent à travers des ravins, des escaliers naturels et des pentes abruptes. Le pauvre âne eut besoin du pouvoir thaumaturgique de son maître pour s'en tirer. On s'en tira cependant.

L'apôtre passa vite, car il devait revenir par là, et l'on s'impatientait à Valence.

A Nules (prononcez Noulès) on avait élevé des gradins pour la commodité des auditeurs. Au milieu du sermon, un gradin se rompit, entraînant tout l'échafaudage. Cette fois encore, le signe de croix fut tout puissant. Depuis lors, l'apôtre fit toujours le signe de croix sur la foule avant de prêcher, et il en donnait lui-même la raison, racontant divers accidents conjurés par ce signe. L'un des sténographes qui prenaient ses sermons à la volée, arrivé au miracle de Nules, a écrit en marge ces mots : « Moi, sténographe, j'ai vu de mes yeux celui-là. »

Enfin, le 23 juin 1410, veille de saint Jean-Baptiste, il entra dans sa chère Valence comme un triomphateur ; et le lendemain prêcha sur la place du marché pavoisée et protégée contre les ardeurs du soleil par des voiles qu'on était allé chercher au *Grao*. Il resta deux mois parmi les siens, exactement jusqu'au 26 août ; on eut donc le temps de l'entendre et de s'entendre. — L'entendre, nul ne s'en fit faute ; et, quant à s'entendre, on s'entendit si bien qu'il en résulta la création de deux établissements importants encore prospères à l'heure présente : l'Université et le collège des *Ninos*. Ce collège fut d'abord un refuge pour les petits que leurs parents abandonnaient, selon l'usage, à la charité des chrétiens : puis on régularisa la fondation qui reçut tous les orphelins indistinctement. C'est une bonne escouade d'enfants de chœur bien stylés, et une pépinière d'honnêtes gens, quelquefois de bons prêtres.

Des miracles, il y en eut, et d'assez curieux. Une jeune fille était possédée du démon, et depuis longtemps déjà ; et il fallait huit hommes pour la tenir quand son terrible maître jugeait à propos de la tourmenter.

Pour l'instruction de tous, le saint interrogea l'ennemi. « Le père de cette enfant était jaloux, répondit-il, et nous voulions lui suggérer de tuer sa femme ; mais celle-ci très dévote nous dérouta. Nous fîmes alors vacarme dans la maison : tout le monde se signa, excepté cette petite qui courut se réfugier sous un lit. J'ai pu depuis lors la traiter à ma guise. — Sors de là, maudit, et sans faire de mal. — Bien d'autres avant toi ont essayé de m'exorciser, et je leur ai ri au nez, mais toi Vincent, nous te connaissons, il n'y a qu'à déguerpir. » Et il se vengea en laissant comme certains insectes un empuantissement écœurant.

A quelque temps de là, un homme fut tout à coup saisi du malin esprit et se mit à se tordre dans d'effroyables convulsions. « Qu'y a-t-il encore ? » demanda le thaumaturge. — Il y a que cet homme avait chez lui une courtisane que tu as convertie. Il dit toutes sortes de mal de toi ; tu peux bien me permettre de l'en punir. » — « Tu sais bien comment nous en usons avec nos ennemis : va-t'en, et ne reviens plus. »

Une femme était muette : le saint la rencontre : « Que puis-je faire pour vous ? — La parole, expliqua-t-elle par signes, et le pain de chaque jour. La parole, non ; vous en useriez mal, mais le pain de chaque jour, vous l'aurez. »

Enfin de perfides juifs condamnés à mort pour avoir tué deux enfants chrétiens furent admis à entendre un sermon. Leur douleur fut telle que la justice se fit clémente, et cette fois sans repentir.

L'apôtre se répandit aussi dans les environs de sa ville natale. Une bourgade appelée Teulada était annuellement visitée, ou plutôt décimée, par deux fléaux : les pirates maures, et la peste. — Il alla en mer avec les habitants jusqu'à un rocher qu'il bénit. — « Soyez sûrs, dit-il, que jamais les pirates ne dépasseront ce rocher. » D'un carrefour qu'indique encore une croix, il bénit également toute la contrée. En 1532, Beniza, bourgade voisine, fut si violemment assaillie du fléau, que tous les habitants, dit une histoire locale, périrent ainsi que tous les animaux, y compris les chiens et les chats ; quant à Teulada, pas un habitant ne fut frappé.

C'est de Teulada et des environs qui nous viennent des raisins soi-disant de Corinthe.

Toute cette zone est d'ailleurs riche et fertile comme le paradis terrestre. Aussi loin que peut s'étendre la vue, elle repose sur des forêts d'orangers dont les cimes agitées par le vent répandent au loin les plus doux parfums. Mais les gens n'étaient point sages ; Vincent Ferrier les convertit.

Ils se sont un peu gâtés depuis. Le Conseil municipal d'Alcira cessa, en 1844, de voter des fonds pour sa fête :

les inondations sont venues, des frimas inconnus sont venus ; et l'on a pu voir une immense étendue de pays tristement couverte de pommes d'or en putréfaction.

Notre-Dame de la Murta était un monastère cistercien où il eût fait bon vivre et surtout mourir. Vincent Ferrier, content des moines, leur affirma qu'en récompense pas un de ceux qui mourraient dans ce monastère ne serait damné. Il fallait voir, jusqu'en 1835, quel hôpital c'était !

L'apôtre fut en toute hâte rappelé par l'évêque à Valence où les dissensions manaçaient de renaître, et non plus seulement entre citoyens, mais entre cités. Il arrêta le sang prêt à couler. Et c'est ainsi, dit un auteur, que cet arc-en-ciel de paix se levait au moment opportun sur le ciel chargé de tempêtes.

Il reprit bientôt ses excursions. Liria avait une fontaine, assez semblable à notre fontaine de Vaucluse, un petit fleuve, malheureusement sujet à des sécheresses périodiques. Or, dans ce pays-là, quand l'eau manque, tout manque. Après un jeûne de trois jours, il organisa une procession à la fontaine, et la bénit solennellement L'eau n'a pas manqué depuis. Et c'est un plaisir de voir en été ce courant limpide gazouillant sur des cailloux dorés, entre des rives bordées de lauriers roses.

Les délibérations du Conseil de Jativa racontent comment il rendit la tranquillité à ces peuples sans cesse troublés par les guerres civiles. Tout ce pays, c'est-à-dire tout le royaume de Valence jusqu'à Murcie est couvert de ses chapelles, des couvents bâtis par lui ou à cause de lui, de croix commémoratives, et plein encore de son souvenir.

Près de Jativa s'élève le château de Cavalls où naquit Alphonse de Borgia, Calixte III. Trois fois il se trouva sur le chemin de l'apôtre qui lui dit : « Soyez bien sage, vous serez pape, et me canoniserez. » Il crut si bien à cette prophétie qu'il disposa tous les plans d'une croisade à exécuter, non pas s'il devenait pape, mais *quand* il serait pape. Et c'est pourquoi Vincent Ferrier, thaumaturge à faire décorer des centaines de saints, ne fut canonisé que lorsque Alphonse de Borgia fut élu pape, contre l'attente de tous.

Il allait et sa compagnie le suivait. Un jour, sans doute un de ceux-là que l'orage menaçant alourdit et rend tristes, sa compagnie défilait de colline en colline, harassée, la sueur au front ; et jusqu'au bout de l'horizon c'était encore des collines et le désert. La fatigue et la faim sont mauvaises conseillères. On murmurait tout bas, et le regret perçait sous les murmures. Habile conducteur d'âmes, le saint savait qu'il ne faut pas trop laisser grossir ces dispositions. Mais comment faire ? — Un thaumaturge de sa force n'est jamais embarrassé. Au détour d'un sentier, derrière un bosquet qu'on n'avait pas aperçu, une charmante hôtellerie se dessina et des hôteliers pleins d'aimable déférence s'avancèrent au devant des voyageurs. Servis à souhait et avec une grâce parfaite, ceux-ci réconfortés se remirent en marche, ne songeant plus qu'à bénir Dieu, sauf un grincheux comme il y en a partout, que l'évidence la plus palpable laissait incrédule. « Voulez-vous avoir la bonté d'aller me chercher mon bonnet, lui dit le saint ? Je l'ai laissé suspendu à un arbre, tout près de l'hôtellerie. »

L'homme se met en devoir de rendre ce léger service. Il retourne, regarde, cherche ; point d'hôtellerie. Et pourtant c'était bien le même site, le même emplacement, la terre foulée, le bonnet suspendu que le vent faisait mouvoir, et qui semblait narguer le commissionnaire. Il comprit enfin. L'hôtellerie et les hôteliers étaient de ceux dont il est dit dans l'Evangile : « Après son jeûne, Notre-Seigneur eut faim, et les anges le servirent. »

Orihuela, aujourd'hui évêché, est une ville comme on

en trouverait peut-être en Bretagne ou dans le Tyrol, ayant conservé, en dépit de toutes les excitations, de tous les scandales, de tous les renégats, de toutes les tyrannies, sa foi, ses mœurs, ses vieilles coutumes intactes : là, jamais un pauvre ne demande en vain ; là, jamais un crime ; là, jamais un attentat ne trouble la paix des familles ; là, on est heureux ; et quand vient l'heure de mourir l'appelé dit tranquillement : « Je suis prêt. » Or, c'est bien l'œuvre de Vincent Ferrier. Car, de son temps, Orihuela offrait juste le parfait contraste du tableau que nous venons de tracer. On peut le constater par ce fragment de la lettre qu'écrivirent les échevins à l'évêque de Murcie de qui Orihuela dépendait alors : « Il n'y a plus parmi nous de vices, ni de péchés publics ; personne, ni petit, ni grand, n'ose plus jurer le nom de Dieu ; la maison de jeux est fermée, on ne fait plus de conjurations ni de maléfices, on ne consulte plus les sorciers ; les prêtres ne suffisent pas à entendre les confessions, les églises étaient trop grandes, elles sont trop petites. Il n'y a plus ni peste, ni fléaux, ni discordes pires que tous les fléaux. Tous de bon cœur se sont pardonné leurs offenses, excepté le prêtre Jean Fluvia et un nouveau chrétien de peu de foi. Soyez béni de nous avoir envoyé Maître Vincent ; car c'est à lui que nous devons ce nouvel état de choses, et toutes ces faveurs du ciel. »

CHAPITRE XII

Murcie, grand centre alors de population et d'affaires, car elle était capitale d'un royaume, retint Vincent Ferrier assez longtemps, et à deux reprises différentes ; la seconde fois pour achever de convaincre les Juifs, ainsi qu'il le dit lui-même dans un sermon ; il fut même enroué à cette occasion, et s'en expliqua d'une façon charmante.

Le dimanche des Rameaux, quand l'immense auditoire faisait silence, suspendu aux lèvres du prédicateur, on entendit tout à coup un galop de chevaux emportés et des hennissements sauvages se rapprochant à chaque seconde. Ils apparaissaient à l'angle de la place où se faisait la prédication, et allaient dans leur fougue occasionner quelque malheur, lorsque un signe de croix les arrêta net ; ils se détournèrent vers une autre direction, et quelque temps on put entendre au loin leur sabot sonore. « Ces chevaux, dit l'apôtre, ne sont pas des êtres naturels, mais bien des diables qui ont pris cette forme pour vous faire peur. Ils représentent les vices qui régnaient dans cette ville, et qui ont donné à satan des droits contre vous. Vous pouvez voir d'ailleurs qu'avec un simple signe de croix on domine aisément la plus folle impétuosité de l'enfer. »

Une invasion de sauterelles ravageait la campagne. Nos

pays tempérés ne connaissent pas ces régiments implacables qui passent impunément sur des fossés plein de feu, comme si, à la lettre, ils renaissaient de leurs cendres, et qui changent dans l'espace d'un quart d'heure l'oasis la plus verdoyante en un morne désert. « Quand maître Vincent eut aspergé la campagne aux quatre vents, dit un témoin, aussitôt toutes les sauterelles périrent, et les gens recouvrèrent leur moisson. » — Ce qui ne s'était jamais vu la même année.

A Lorca, pays de Maures, de braves femmes voulurent convertir un Sarrazin endurci. Ennuyé de ne savoir que répondre, le Sarrazin mit le feu à un tas de sarments. « Si Jésus-Christ est né d'une vierge, dit-il, que ce feu s'éteigne et je croirai. » Le feu s'éteignit.

Il s'agissait de faire perdre aux femmes de Chinchilla le goût de rubans ruineux qu'elles portaient à leurs coiffures en appendices interminables. Une anecdote y réussit. On menait un jour, raconta le saint, un homme à la potence, mais on avait oublié les cordes. « En voilà qui nous suivent, dit le patient. » On le pendit avec les rubans de sa femme.

La cellule que le saint avait occupée à Chinchilla fut, quatre siècles durant, transformée en oratoire public. Un propriétaire, genre moderne, voulut la réduire à un usage profane : elle s'effondra aussitôt.

Dans ces parages, il fut de nouveau enroué comme un simple mortel ; je n'ai point lu qu'il ait demandé à Dieu de faire cesser son mal, pas plus qu'on ne le vit faire un signe de croix sur sa jambe malade. Les miracles, c'était bon pour les autres.

A Tolède, les Juifs étaient fort puissants et rendaient la vie dure aux pauvres chrétiens. Il fallait un coup de *maître*. Un jour qu'il prêchait dans un faubourg de la ville, appelé

Santiago en Arrabal, Vincent Ferrier fut pris d'une inspiration soudaine. « Il ne convient pas, dit-il, qu'une ville consacrée à la sainte Vierge (Tolède l'avait été par un de ses évêques, saint Ildefonse) soit ainsi au pouvoir des ennemis du Christ. Suivez-moi. » Il va, ardent, son crucifix levé, et la foule le suit. Les Juifs, réunis dans leur synagogue, officiaient à leur manière ; il les chassa, et la synagogue fut convertie en église catholique sous le vocable de N.-D. la Blanche. Les puissances du ciel étaient à ses ordres, car nul ne songea à résister, et, des deux parts, les autorités de la terre ratifièrent ses actes par des contrats en règle. Dans l'église de Santiago en Arrabal, sa chaire a été murée, et il y est encore en statue, avec le même crucifix en main.

Comme à Tolède, les Juifs étaient les maîtres à Valladolid. C'est par des édits royaux, dictés par lui que l'apôtre en eut raison. On leur interdit les fonctions de médecins, de pharmaciens, d'accoucheurs ; on leur défendit de gérer les biens des particuliers et de l'Etat ; c'est-à-dire que profitant des fonctions les plus délicates, ils se faufilaient partout, entraient dans les secrets des familles, sapaient les fortunes, et parfois volaient les enfants. Ils durent en outre, ainsi que les Maures, porter sur leurs habits un signe apparent pour qu'on pût partout les reconnaître.

A Valladolid, Ferdinand, Infant de Castille, et Vincent Ferrier se rencontrèrent pour la première fois. L'apôtre démêla dans le prince des qualités qui servirent de base à l'évolution politique d'où est sorti le salut et la grandeur de l'Espagne.

Zamora fut le théâtre d'un événement dont on ne trouve le semblable dans aucune histoire de saint. Après la mort de Vincent Ferrier, un prêtre qui l'avait suivi tout le long de sa vie apostolique, depuis Alexandrie, c'est-à-dire à peu près quinze ans, se retira chez un chanoine de Florence. C'est lui qui enseignait aux petits Bretons, selon tous les témoignages, les rudiments que le Maître développait aux grands. C'est lui qui, en un jour de délire, s'était engagé au diable et l'avait écrit de son sang. Le thaumaturge obligea l'ennemi à rendre le contrat, et l'heureux délivré ne le quitta plus. Tout plein de ce qu'il avait vu, il ne tarissait pas sur les merveilles accomplies par Maître Vincent : si bien que le chanoine écrivit une des premières vies de saint Vincent Ferrier. Mais un fait surtout avait frappé l'imagination du prêtre ; il y revenait sans cesse : c'est le miracle de Zamora.

Pendant que le saint y prêchait, on amenait au supplice deux criminels ; il les fit placer sous l'estrade, voilés aux regards, et parla des peines réservées aux crimes dans l'autre vie, avec une telle puissance d'images que les pauvres condamnés furent réduits en charbon par le feu intérieur qui les brûla. « Je ne doute pas, dit le chanoine hagiographe, qu'il n'ait, par la vigueur de sa parole, délivré ces malheureux des flammes de l'autre vie, et d'un honteux supplice ici-bas. » On les enterra à l'entrée du cloître de notre couvent, à l'endroit même où prêchait le saint, couverts d'une pierre tombale sans inscription. Des étrangers passaient ; on leur raconta cette histoire : « Je la croirai, dit l'un d'eux, en frappant la tombe du pied », quand cette pierre se fondra. Elle ne fondit pas, mais *s'effondra*.

Dans ce même couvent, la petite cloche qui sonnait le Chapitre reçut du saint le pouvoir de sonner trois jours avant la mort d'un religieux. Dès qu'elle sonnait, tout le couvent se mettait en retraite. Ce pouvoir dura jusqu'en 1550, c'est-à-dire à peu près 140 ans. J'ai tenu dans mes mains cette cloche, et lu l'inscription qui rapporte la chose.

Les Dominicaines de Zamora gardent religieusement des hosties consacrées depuis sept siècles. Comme tant d'autres, hélas ! cette terre de miracles a été dévastée par l'impiété révolutionnaire.

A Ségovie, un récit local dit que les auditeurs montèrent à 70.000. L'apôtre convertit tous les Juifs, qui étaient fort nombreux. Toutes ces conversions de Juifs causèrent une foule d'embarras : il fallut les séparer de leurs coreligionnaires peu endurants, parfois les transporter en masse dans des centres tranquilles, créer enfin toute une législation à part ; des évêchés qui tiraient d'eux le plus clair de leurs revenus furent ruinés du coup. — Heureusement Maître Vincent était habile administrateur autant qu'apôtre et thaumaturge. Il complétait son œuvre par des organisations magistrales. On en trouve encore partout des traces dans les études poudreuses des notaires.

Tout le monde a entendu parler de Salamanque, la plus célèbre Université d'Espagne ; le bachelier de Salamanque est légendaire. Là, l'Inquisition avait son foyer redoutable. Et il ne faut pas s'en plaindre, car elle fut au moyen-âge la santé de l'esprit humain. Que si cependant toutes les sottises qui ont été dites à ce sujet troublaient l'esprit de mes chers Bretons, qu'ils se rassurent au sujet de notre saint ; il ne fut ni de près, ni de loin, mêlé à l'Inquisition, sinon comme accusé. Et un jour ce fut sérieux. On commença contre lui un procès doctrinal parce qu'il avait, disait-on, absous publiquement et placé Judas dans le Paradis. Benoît XIII, devenu pape, brûla le dossier. A Salamanque, Maître Vincent eut été certainement arrêté pour son audace, si ces inquisiteurs, hommes de foi et de bonne foi avant tout, n'eussent dû s'incliner devant l'autorité dont ils n'étaient que les représentants, l'autorité même de Dieu manifestée par le miracle.

A Salamanque donc, un jour qu'il prêchait dans l'enclos des Dominicains terminé en amphithéâtre couvert d'une foule compacte, en tête de laquelle tous ces vieux moines rébarbatifs, tous les professeurs et tous les étudiants, il ne craignit pas de dire à propos de son thème favori, le jugement dernier, qu'il était lui-même l'Ange de l'Apocalypse chargé d'annoncer à toute chair la proximité imminente des assises finales. Un murmure peu favorable s'éleva, et le front des inquisiteurs se fit sévère. Un mort passait dans la rue voisine : « Mort, lève-toi, et dis si oui ou non je suis l'Ange annoncé par saint Jean et à qui Dieu doit confier ses derniers avertissements. » « Oui, Père, vous êtes cet ange. » Et le mort se recoucha dans sa bière.

Cent mille personnes ont vu ou su cela, et les monuments commémoratifs ne manquent pas à Salamanque ni ailleurs. — Sur le sommet du tertre où était la chaire, une croix fut placée. Un jour, en 1808, un général breton, Monpetit, poussé à Salamanque par la folie ambitieuse du conquérant qui finit à Waterloo après avoir épuisé la France, demanda ce que voulait dire cette croix semblable à celles qu'on trouve à tous les carrefours de Bretagne : c'est le *cruzero de San Vicente*, répondit-on. A ce nom de saint Vincent cher aux Bretons, il assigna pour quartier général à l'ambulance ce même couvent, ce qui le protégea. Et Dieu a permis que seul de tous les monastères d'Espagne, il n'ait pas été brûlé ou désaffecté, si bien que, lors de notre expulsion, des Dominicains français ont pu y trouver un asile.

A Salamanque, les Juifs n'assistèrent pas au sermon, pas même à celui du mort parlant ; Vincent Ferrier alla les chercher, comme à Tolède, jusque dans leur synagogue, au milieu de leurs cérémonies religieuses ; mais variant ses moyens, selon l'inspiration d'en-haut, il essaya de la persuasion. Les Juifs connaissaient cet homme extraordinaire : ce jour-là, néanmoins, rien ne les toucha ; seuls, une incrédulité sarcastique et des hochements de tête significatifs répondirent au zèle ardent de l'apôtre. Alors le thaumaturge intervint. Comme ces fleurs effeuillées que des mains pieuses, en certains pays, aux jours de grande solennité, laissent tomber de la voûte du temple parmi les vapeurs d'encens et la lumière dorée, une multitude de petites croix s'agitèrent en neige dans l'espace, et vinrent se poser une à une sur la poitrine de chaque auditeur. — Le lendemain la synagogue était purifiée et consacrée sous le vocable de la Sainte-Croix.

Cette annonce du jugement dernier, bien faite pour frapper les esprits, en laissait encore bon nombre perplexes à Salamanque. « Mais enfin, lui dit-on un jour, quels sont les signes positifs qui précéderont ce grand événement ? » — Lui alors, se recueillant dans les profondeurs de l'esprit, répondit lentement : « Quel autre signe voulez-vous que ce pécheur qui est devant vous, et par les mains duquel Dieu a daigné accomplir plus de trois mille miracles ? »

Mais pourquoi donc alors le jugement dernier n'est-il pas arrivé ? — Prenez, mes chers Bretons, notre vieille Bible, relisez la courte histoire de Jonas à Ninive, vous y trouverez la réponse.

J'ai dit qu'à Salamanque il y avait un chapeau de Vincent Ferrier. Je l'ai vu soigneusement enveloppé dans une gaine d'argent, recouverte elle-même d'une enveloppe de soie. Un jour il rencontra une mendiante qui lui demanda l'aumône : mais il n'avait rien. Réfléchissant cependant qu'il ne faut jamais refuser à un pauvre de peur de refuser à Jésus-Christ lui-même, il donna son chapeau : « Que voulez-vous que j'en fasse ? » — « Prenez toujours. »

Et le soir quand elle demanda à coucher pour l'amour de Dieu dans une humble *Venta*, l'hôtelier lui dit : « Je le veux bien à la condition que vous m'enlèverez mon mal de tête. » — « Qu'à cela ne tienne. » Et elle lui mit sur la tête le chapeau du saint. Le mal disparut aussitôt. Elle n'eut plus besoin de mendier ; on se disputait partout l'honneur et le profit de la loger. Arrivée à Salamanque, les Dominicains la mirent à l'abri du besoin en échange du chapeau merveilleux.

L'apôtre était aux environs de Placensia en Estramadure, lorsque les envoyés des Parlements réunis de Catalógne, de Valence et d'Aragon lui présentèrent la supplique pressante de se rendre à Caspe, où se tenait l'assemblée. Il s'y achemina, car sa patrie était en danger, et nul citoyen n'a le droit de se soustraire à un tel devoir. Les saints sont les meilleurs citoyens. Et lui ne va pas tarder à se révéler politique de premier ordre.

CHAPITRE XIII

Caspe, dont le nom ne dit rien à nos mémoires pas même aux érudits, vit s'accomplir un des actes qui ont eu le plus d'influence sur les destinées du monde. Il remit en marche l'histoire d'Espagne, et, pour longtemps, donna comme facteur prépondérant aux affaires de l'Europe cette nation catholique qui, par-dessus le marché, nous a ouvert l'Amérique.

A la mort du gouverneur de Sicile, fils unique du roi Martin l'Humain, la couronne, on s'en souvient, restait sans héritier. Le mariage du vieux roi, comme il était facile de le prévoir, n'en donna point, et lui-même mourut en juin 1410, sans avoir formulé une volonté précise. Il avait déclaré seulement que le trône devait revenir à qui de droit selon la justice. La question était de savoir quel était celui-là. Il y eut cinq compétiteurs. Nous n'en nommerons que deux : le comte d'Urgell, descendant personnellement de la dynastie régnante par branche latérale, et de plus marié à une sœur du roi Martin. A première vue son droit paraissait l'emporter. L'autre prétendant était Ferdinand, Infant de Castille, fils d'une autre sœur du roi Martin. L'étude attentive lui découvrit des droits au moins égaux à ceux d'Urgell, mais sa valeur morale était infiniment supérieure. Le feu roi avait dit formellement qu'il ne se connaissait pas de plus proche parent capable de porter la couronne. Et il eut pour lui Vincent Ferrier qui savait les vraies intentions du monarque défunt, son ami.

Deux ans durant l'hésitation des Parlements, bien qu'alors ils fussent honnêtes, les violences des prétendants et notamment du comte d'Urgell, les subtilités interminables des avocats tinrent les esprits dans l'anxiété, pendant que faute d'une autorité énergique tous les mauvais vouloirs se donnaient carrière. Enfin, on nomma neuf juges, trois de chaque royaume, avec pleins pouvoirs pour élire un roi qui devait être reconnu tel loyalement par tout le monde. Valence s'honora en choisissant pour ses mandataires Vincent et Boniface Ferrier. Les juges s'enfermèrent au château de Caspe, ville libre et forte bâtie sur l'Ebre. Vincent Ferrier dirigea toute cette difficile affaire.

« Quand les avocats ne surent plus que dire », on procéda à l'élection. Le choix tomba sur l'Infant Ferdinand de Castille. Outre ses autres qualités, ce prince avait fait preuve d'un désintéressement bien rare. A la mort de Jean Ier, roi de Castille, les grands lui offrirent la couronne ; mais lui prenant dans ses bras le fils du défunt, enfant encore au berceau, lui fit de son épaule un piédestal et dit : « Celui qui doit régner, messieurs, c'est cet enfant ; souffrez que je ne sois que son tuteur. » Cette loyauté l'a fait surnommer l'*Honnête* ; l'Histoire l'appelle quelquefois Ferdinand d'Antequera, du nom d'une place forte appartenant aux Maures, qu'il prit d'assaut après de brillants faits d'armes.

Sûr des droits de son neveu à la couronne de Castille, il n'avait point hésité à le reconnaître ; sûr de ses propres droits à la couronne d'Aragon, il n'hésita pas à l'accepter et à la défendre.

Cependant le compte d'Urgell ne pardonnait pas à Vincent Ferrier ce qu'il appelait sa félonie. Un jour, à un endroit que marque encore une croix, il le rencontra et l'accabla des plus amers reproches. « Le félon, c'est vous, lui dit tout bas le saint, vous qui avez tué votre frère tel jour, à telle heure, en tel lieu. Dieu n'a pas voulu donner le trône à un pareil criminel ». Le fait n'était que trop certain, bien qu'inconnu du public. Le comte préféra une lutte insensée à la vie privée honorable ; il fut pris dans Balaguer et condamné à une prison perpétuelle.

Partout Vincent Ferrier appuya de son autorité l'autorité du roi légitime, malgré l'opposition de quelques malavisés, qui, outre les douleurs que lui causaient les maux de l'Eglise, lui firent subir de ce chef un genre de martyre plus pénible qu'on ne pense, le martyre patriotique et social.

Sa première étape après Caspe fut Alcaniz. J'ai fait le voyage en *tartane,* sorte de voiture sans ressorts à centre bas qui *roule* dans les fondrières comme un navire à la cape sur une mer démontée. C'est d'Alcaniz que Vincent Ferrier adressa au pape Benoît XIII son apologie, quand on l'accusa de trop préciser la proximité du jugement dernier. Il ne s'en inquiéta pas autrement, et le Pontife, qui se connaissait en hommes, ne l'inquiéta pas davantage.

Il reprit là sa campagne apostolique contre ou plutôt pour les Juifs. Tout l'Aragon était couvert de synagogues florissantes ; elles tombèrent une à une, converties pour la plupart, et sans violence, en sanctuaires catholiques. Celle d'Alcaniz, dédiée à la sainte Vierge, s'appelle *Capilla de la Encarnacion.*

Il laissa aux habitants de cette ville, dont l'aimable

caractère l'avait touché, de véritables trésors : savoir, son crucifix, ses habits sacerdotaux, et les quatre volumes de la *Somme de saint Thomas* dont il s'était servi jusque-là.

Le nouveau roi campé à Lérida, d'où il observait les mouvements des rebelles, le pria d'y venir pour conférer avec lui des affaires de l'Etat et de sa conscience, car il l'avait nommé son confesseur. L'apôtre de nouveau s'y rendit ; et, de nouveau, la Cour, l'Université, les habitants assistèrent insatiables à ses sermons. « On arrivait dès le milieu de la nuit pour prendre place », dit un témoin officiel. Et ce témoin n'est pas le premier venu, car il était maître ès arts et médecin du roi. « J'étais professeur à l'Université, ajoute-t-il ; beaucoup d'étudiants de diverses Facultés abandonnèrent leur carrière, et suivirent Maître Vincent, décidés à vivre hors du siècle. »

Un jour qu'il prêchait sur la grande place qui s'étend devant le couvent de Saint-Dominique (aujourd'hui école), il aperçut assez loin un malheureux perclus se traînant comme il pouvait sur ses douleurs : « Majesté, dit-il au roi, envoyez donc quelqu'un aider ce malheureux qui vient si péniblement là-bas. » Deux officiers se détachèrent. Mais le saint réfléchit qu'il pouvait aller plus vite, et d'un signe de croix rendit l'homme alerte et guilleret.

Un autre jour, le roi *incognito* se présenta au couvent à l'heure où le saint priait. Le Frère familier crut bien faire de le conduire à sa cellule. Or le prodige qui avait si fort intrigué la reine Yolande se renouvelait ; le saint, absorbé dans la prière, était environnée d'une nuée lumineuse. Le roi se retira sans lui parler. Mais Vincent Ferrier l'ayant su exprima sa contrariété au royal pénitent, et imposa sept ans de fièvre chaude au malencontreux frère qui l'avait introduit. Celui-ci, héroïque comme son maître, supporta sa pénitence sans se plaindre, tandis qu'il voyait chaque jour les heureux miraculés s'en retourner bénissant Dieu.

Le saint avait alors juste sept ans à vivre.

Il fit à Lérida l'acquisition d'un nouveau disciple, abbé coquet, nommé Laurent Pellerin ; il s'en était si bien moqué dans un sermon, sans toutefois le nommer, que celui-ci comprit et s'attacha à sa personne. Chargé du soin de la compagnie, un jour, brûlé de fièvre, il demanda grâce : « Allez toujours », dit le thaumaturge. Et la fièvre tomba par la vertu de l'obéissance. Des témoins ont affirmé que, rencontrant un mort devant l'église Saint-Jean, d'un signe de croix il le remit sur ses pieds.

Quand il partit, se dirigeant vers Balaguer, des gens armés, irrités de la conversion des courtisanes, lui barrèrent le passage avec l'intention formelle de le tuer. Ses compagnons voulurent le défendre : « Ecartez-vous, dit-il. » Un signe de croix ; et les assassins tombèrent à genoux demandant pardon.

Cependant de nouveau on s'impatientait à Valence. Tout n'était pas assis dans une paix définitive, ou plutôt les magistrats, au souvenir de si longs désastres, avaient peur, et voulaient que l'auteur de la paix si longtemps attendue consolidât lui-même son œuvre. Il faut dire aussi qu'ils pressentaient une fin prochaine, et les adieux n'avaient pas été faits. Ils écrivirent à Benoît XIII d'user de son autorité pour l'obliger à revenir. Un fait assez bizarre à constater, c'est que dans toutes les circonstances où le saint et le Pontife se sont trouvés ensemble, ce n'est pas au Pontife que l'on s'est adressé.

Il traversa rapidement ce pays qui a pour chef-lieu Castillon de la Plaine, et qui appartenait alors aux Ordres religieux militaires ; non cependant sans laisser ce qu'il laissait partout, le bienfait de la paix. Il avait appelé de

Valence le bailly général qu'il chargea de ratifier les accommodements, c'est-à-dire qu'il donnait à l'autorité régulière force et prestige.

A Valence des délibérations municipales pourvurent à l'emplacement des prédications et au renouvellement du vestiaire de la compagnie. Le saint remercia en mettant l'ordre dans les finances de la ville, en même temps que dans les consciences.

Ses excursions aux alentours eurent un résultat assez original pour être mentionné. Un Maure converti, alfaquin très renommé parmi les siens, se montra si zélé pour sa nouvelle foi que permission lui fut donnée de prêcher même aux chrétiens sans entrer dans les Ordres ; l'abbaye de Valdigne près de Valence dut pourvoir à sa subsistance.

Les bons échevins écrivirent presque chaque jour au saint pour le supplier de ne pas trop s'éloigner : il y avait tant de choses à faire ! Et on ne lui faisait grâce de rien. Il avait par exemple mission d'empêcher les meuniers de mêler de l'orge ou autre grain au froment ! Quand il rentra de nouveau le 4 mars 1413, on lui fit une ovation triomphale, si bien qu'un sien ami Franciscain ne put s'empêcher de lui dire : « Frère Vincent, que fait la vanité ? » — Elle voltige, répondit-il, mais n'entre pas. » Il avait bien d'autres soucis en tête et au cœur. L'adieu se préparait : l'adieu suprême, l'adieu à sa Valence tant aimée, et qui pouvait souffrir encore !

Il prêcha, fit des miracles, et comme s'il eût voulu faire diversion à son chagrin et au chagrin de ses compatriotes, les miracles eurent un caractère presque comique. — A l'un de ses sermons assistaient Marguerite de Prades, veuve du roi Martin, et une de ses sœurs, chargée, en guise de coiffure, d'une véritable tour de diamants. Une pierre partie on ne sait d'où démolit l'édifice sans toutefois blesser la princesse. On s'empressa : « Laissez, dit le saint, il n'y a pas de mal, c'était pour voir si la tour était solide. »

Passant dans une rue un jour, il entendit une femme jurer comme un possédé. Il entre et demande la cause de tout ce vilain bruit. « C'est, dit-elle encore furieuse, que mon mari vient de me battre, et tous les jours c'est la même chose. » — « Et pour quel motif ? » — « Parce que, dit-il, il me trouve laide. » — « Peut-on offenser Dieu pour une pareille bagatelle ? » Et il la fit la plus belle de Valence. Les *Niños* (orphelins), au temps de sa fête, jouent ses miracles sur des théâtres en plein vent ; celui-là est un des plus amusants.

Une autre femme vint également se plaindre à lui que son mari faisait toujours des scènes. Pénétrant la cause, il lui dit : « Allez au couvent, demandez au portier une cruche d'eau de notre puits ; quand votre mari rentrera, vous en prendrez et garderez une gorgée dans la bouche. Par la vertu de ce talisman, votre mari deviendra aimable. » Ainsi fut fait, et la prophétie se réalisa, parce que, la femme ne pouvant répondre la bouche pleine, le mari, ennuyé de parler tout seul, ne tardait pas à quitter la partie. De ces deux miracles sont sortis deux proverbes : quand on voit une femme laide : « Elle aurait besoin de Maître Vincent. » A une bavarde, on dit : « Buvez de l'eau de Maître Vincent. »

Le diable voulut singer cette note gaie à sa manière. Un jour pendant le sermon une volée de corbeaux se mit à tournoyer en faisant entendre sans répit ces croassements si désagréables. Un signe de croix les fit fuir. Une autre fois le feu parut prendre à un hangard, et la foule se troublait : « Ne bougez pas, dit-il, c'est du feu pour rire. »

En ce temps-là, Valence fut émue d'un événement bien

extraordinaire, mais dont il reste encore des preuves authentiques, et que notre saint autorisa de son contrôle. Sur le Turia, petit fleuve qui baigne Valence, on vit un jour arriver à contre courant un navire de haut bord. On s'y rendit, et l'on ne trouva plus qu'un grand christ et une échelle de trente-trois échelons qu'on suppose être celle qui avait servi à la Passion. Les habitants des deux rives se disputèrent âprement la possession de ces objets vénérables. L'évêque, ne sachant à qui donner raison, les renvoya en pleine mer avec ordre de les abandonner à leur mouvement spontané. Cette fois ils se dirigèrent vers Sainte-Marie du Grao (Port) où on les vénère encore ; et tous les ans on les porte solennellement en procession. Je les ai vus. Maître Vincent prêcha le jour de leur installation dans l'église du Grao. Il expliqua qu'un rabbin de Lérida réunissait chaque semaine ses confrères, et qu'on faisait subir à ce christ tous les outrages de la Passion. Les autorités en ayant été informées, et notamment le roi Ferdinand qui n'entendait pas raillerie sur ce sujet, le rabbin se pendit pour échapper au supplice, après avoir jeté le christ à la rivière. « Il est venu comme autrefois, dit Vincent Ferrier, se réfugier auprès de sa mère. » Une paroisse importante de Valence a pour titulaire le *Sancto-Crist*, dont l'arrivée fut à peu près analogue.

Enfin, un soir de juillet de cette année 1413, il sortit accompagné de tous les regrets et de tous les vœux. Ni vivant ni mort, il ne devait revoir sa patrie. Elle ne s'en est jamais consolée.

CHAPITRE XIV

Lettre royale. — Ermite envolé. — Lombard naïf. — Enfant puni. — Aux Baléares : compte éloquent, pluie complaisante, cabaretier de tous les temps. — Traité contre les Juifs. — Pape convaincu mais non converti. — L'Enfant de Morella, sinistre parabole. — Au pays de la soif, cadeau sans prix. — Le mystère de Daroca. — Saragosse ; *Calle de la democracia*. — Mère éloquente. — Où commencèrent les disciplinants. — Disciple digne du maître. — Terrible orage apaisé. — Mulet impertinent. — Visite céleste. — S. Mathieu, chapitre XV. — Item bis. — Item ter.

Ayant près de lui les deux hommes sans lesquels nul dénouement n'était possible au drame qui se jouait dans l'Eglise, le roi Ferdinand était décidé à n'épargner aucun moyen pour redonner à la chrétienté cette paix tant désirée. Il écrivit à son confesseur : « Maître Vincent, pour de graves motifs concernant la chose publique, nous nous proposons d'aller à Tortose où le Saint-Père doit se rendre également. Nous traiterons avec lui les affaires de l'Eglise auxquelles, comme prince catholique, nous devons travailler de toutes nos forces. Or ces affaires réclament votre présence ; nous vous prions donc instamment de vous tenir prêt à nous rejoindre au premier signal. »

Mais le roi ne fut libre du côté des rebelles que l'année suivante. L'apôtre employa ce délai, selon sa coutume, aux travaux apostoliques.

San Mateo de nouveau se trouva sur sa route. C'est une petite ville enserrée autour de ses murailles comme une couvée qui a peur. Ces précautions sont prises contre toute tentative ennemie, mais le véritable ennemi, le diable, se rit de semblables précautions : Vincent Ferrier y trouva un ermite installé de longue date qui faisait des prônes à sa manière, et déployait surtout son zèle à prémunir les gens contre ce prédicateur de nouveautés qui allait annonçant partout que le jugement dernier était proche ; lui, ermite, savait au contraire de bonne source qu'on pouvait être tranquille, et pour longtemps encore. Maître Vincent fut froidement reçu, mais il prêcha si bien qu'après le sermon les gens coururent sus à l'ermite, et l'enfermèrent dans le cachot municipal. J'ai vu ce cachot : les portes en sont solides, et un gros anneau scellé dans le mur défierait tous les efforts de plusieurs hommes réunis : ce qui n'empêcha pas qu'au matin, quand on ouvrit, le prisonnier avait disparu. On dit la chose au saint qui se contenta de sourire.

A *Trayguera* il prêcha le jour de sainte Marguerite, et encouragea fortement ses auditeurs à n'avoir aucune crainte du dragon infernal, puisque sainte Marguerite, toute faible femme qu'elle était, l'avait terrassé et tenu sous ses pieds comme l'archange saint Michel lui-même. Il y avait dans sa compagnie un jeune homme, Lombard de naissance et assez naïf : tout échauffé de ce qu'il venait d'entendre il ruminait en se promenant les paroles du saint, et priait Dieu de lui faire voir le diable pour qu'il pût le terrasser à l'exemple de sainte Marguerite. Et voilà tout justement qu'il aperçoit une petite vieille sordide, les cheveux en broussailles, à peine couverte de quelques haillons, et portant une faux pour couper l'herbe qui foisonnait en cet endroit. A la vue du jeune homme elle eut peur et se mit à pousser des cris inarticulés, étant muette de naissance. Le Lombard ne manqua pas d'y reconnaître le diable en sa personne ; sans hésiter il la renverse et frappe dessus à coups redoublés. Quand il la vit à moitié morte, il revint tout fier à la ville raconter sa prouesse. Averti, Vincent

Ferrier guérit la blessée, lui rendit la parole, et renvoya le jeune virtuose à ses champs de Lombardie. Trayguera éleva au saint un petit sanctuaire et y mit une statue ; l'un et l'autre existent encore, délabrés. Il y a quelques années un adolescent eut la mauvaise inspiration de jeter de la boue à cette statue ; puis il monta sur le toit pour jouer, tomba et ne se releva plus.

Depuis longtemps l'évêque de Mayorque avait prié l'apôtre de descendre dans son île : l'occasion lui parut bonne de renouveler ses instances. Le roi acquiesçant, tous deux, l'évêque et l'apôtre, s'embarquèrent à Barcelone. Palma, la capitale, fut évangélisée d'août à octobre 1413. C'est plaisir de lire l'énumération des dépenses faites à cette occasion : le salaire des ouvriers qui construisirent l'estrade à prêcher dans le jardin dévasté des Dominicains, le prix de la tente qui le couvrit, le fil qu'on y employa, le pourboire (*sic*) des commissionnaires, et en revanche les offertes reçues par les religieux. Habituellement elles ne montaient qu'à 10 sous ; durant tout le séjour de Maître Vincent, elles se maintiennent autour de 150 sous, et le jour du départ allèrent jusqu'à 260. On put réparer le jardin.

Quand il partit pour évangéliser le reste de l'île, l'évêque l'accompagna. On les fit suivre à la première étape d'un poisson si gros qu'il fallut un mulet pour le porter. Le muletier reçut pour sa peine 2 sous 8 deniers.

Le saint avait commencé par faire cesser une sécheresse désolante. L'eau, en Espagne comme dans tous les pays chauds, est la grande préoccupation : aussi les procès-verbaux des conseils relatent-ils en termes émus ce grand bienfait du thaumaturge. Quand la pluie gênait la prédication, c'était le miracle opposé. Dans un village où il n'y avait pas de tente il plut pendant le sermon : le saint bénit le ciel, et la pluie tout autour de l'assistance tomba en couronne. Une démoniaque, dont les Juifs se servaient pour connaître les choses occultes, fut délivrée par la simple application des cheveux que le frère perruquier avait gardés comme reliques. Un tronc d'olivier qui lui avait servi de chaire devint un objet de vénération pour les habitants : un bûcheron, sans malice du reste, ayant voulu l'utiliser comme bois de chauffage, toutes ses haches se rompirent. Comme il partait, un cabaretier vint le prier de faire payer ce qu'on lui devait ; « Faites voir le vin que vous servez. — Voici. — Versez là dedans. » Et il étendait son scapulaire. — « Mais vous allez être taché. — N'ayez pas peur. » Et l'eau s'écoulant par les pores, il resta un tout petit peu de vin. Et la foule de rire. Et bien d'autres merveilles que rapportent les chroniques et les documents.

Enfin purent s'ouvrir les conférences de Tortose. Elles débutèrent par un tournois doctrinal entre juifs et chrétiens proposé par le rabbin Josué Halorqui, talmudiste fameux converti de saint Vincent Ferrier. Il se faisait fort de convaincre d'erreur ses anciens coreligionnaires non seulement par la Bible, mais encore par le Talmud. Benoît XIII présida. Naturellement Vincent Ferrier y prit part. Il en sortit un *Traité* en règle, véritable bataillon carré que rien ne peut entamer d'aucun côté. Nous l'avons encore. On n'a rien fait de mieux depuis contre les Juifs. Les plus obstinés durent se rendre. Quatorze rabbins abjurèrent ; leur exemple entraîna la foule, et s'étendit à toutes les villes voisines. Benoît XIII avait voulu voir de ses yeux si le grand signe de la fin des temps, à savoir la conversion des Juifs, se manifesterait. Il fut pleinement édifié. Peu après il publia une Bulle où avec une vigueur convaincue, il trace aux convertis leurs nouveaux devoirs et règle les côtés matériels de leur situation. Un des résultats remarquables de cette conversion fut que '« les usures ayant cessé, l'agriculture refleurit partout ».

Mais si l'obstination des Juifs cédait à la puissance de la dialectique et au zèle ardent de l'apôtre, l'obstination du Pontife restait la même. La Providence lui ménagea une parabole en action bien propre à le faire réfléchir et à le toucher, mais qui, hélas ! le laissa inflexible. Les nécessités du gouvernement obligèrent Ferdinand à se déplacer ; il donna rendez-vous à ses hôtes pour la belle saison de l'année suivante à Morella, séjour agréable en effet malgré les orages.

L'une des principales étapes où s'arrêta le saint fut Daroca. Au temps de la guerre contre les Maures l'armée chrétienne, surprise un matin pendant qu'elle entendait la messe, courut aux armes. Laissé seul, le prêtre acheva le Saint Sacrifice, mais réserva les hosties qu'il avait consacrées pour les chefs, sans doute afin de pouvoir les communier s'ils venaient à être blessés grièvement. Lorsque, après la bataille il les retira du lieu où il les avait cachées, les saintes espèces étaient sanglantes, et les corporaux teints de sang vermeil. Sur les instances de l'un des chefs on les transporta à Daroca, où toute l'Espagne alla les vénérer. La Fête-Dieu dont saint Thomas d'Aquin avait composé le superbe office venait d'être instituée, le mystère de Daroca était un moyen dont Dieu se servait pour la populariser. Vincent Ferrier y arriva le jour même de la Fête-Dieu. Sa parole fut si touchante que cent cinq Juifs demandèrent le baptême après le sermon.

Un habitant de Morella avait une épouse ornée de toutes les vertus, mais sujette à des accès de délire qui tenait sa famille dans la plus pénible anxiété. L'apôtre reçut l'hospitalité dans cette maison. Un jour en revenant du sermon, le mari demande à sa femme si elle avait songé au repas

maigre du prédicateur : — Oui, dit-elle, et au nôtre aussi.
— A son air égaré le malheureux eut un pressentiment
sinistre. La moitié d'un petit enfant gisant sur la table ne
tarda pas à lui apprendre la réalité ; la mère, folle, avait
coupé leur enfant en morceaux comme préparatifs du repas de famille. Eperdu de douleur, l'infortuné père sen-
tait le blasphème monter de son cœur à ses lèvres, lorsque
apparut le thaumaturge. D'un regard il comprit tout, fit
apporter les petits membres encore saignants, s'agenouilla
et pria : « Jésus, fils de Marie, salut et roi du monde, qui
avez fait de rien l'âme de cet enfant, faites encore qu'elle
ranime ce corps pour l'honneur et la gloire de votre saint
Nom. » — Et, sous les yeux des spectateurs haletants,
les membres se rapprochèrent et l'enfant reprit vie.

Entre le Pape, l'Apôtre et le Roi cinquante jours furent
employés à traiter les affaires de l'Eglise, cinquante jours
pleins d'angoisses. Une lettre de l'empereur Sigismond,
annonçant que les deux autres Pontifes étaient prêts à dé-
poser la tiare si Benoît XIII voulait les imiter, n'eut pas
plus de résultat. Pierre de Lune ne voulut pas comprendre
la leçon que renfermait l'enfant coupé en morceaux, symbole de l'Eglise morcelée par le schisme, et refusa au thaumaturge la joie de réunir les membres épars de leur mère
commune. Il partit laissant aux Morellans de précieux cadeaux impuissants à effacer l'impression douloureuse que
ressentaient les âmes.

Vincent Ferrier fit des adieux plus consolants. Morella
est bâtie comme un nid d'aigle sur une hauteur ; au bas
d'un chemin qui en descend, une petite fontaine miroite,
insignifiante d'aspect, et fort loin d'avoir la poésie des fontaines de Bretagne. Mais quel trésor dans ces pays de la
soif ! quand il faut vivre, comme c'est arrivé, vingt-cinq

mois sans une goutte d'eau du ciel, sous un soleil dévorant toute réserve de la terre est tarie à dix lieux à la ronde. Or l'on a vu les longues caravanes se succéder un an entier, bêtes et gens chargés de tout ce qui peut contenir de l'eau, venir puiser à la petite source, et jamais son niveau n'a baissé. Inutile de dire qu'elle est un don de Maître Vincent et qu'elle porte à bien juste titre son nom ainsi que le chemin qui y conduit.

Le roi Ferdinand fut solennellement couronné à Saragosse dans l'ancien palais des rois maures. Vincent Ferrier sanctionna de sa présence cette cérémonie ; c'était pour les peuples la meilleure preuve de légimité. Sous sa parole, Juifs et Maures se convertirent à l'envi. Les historiens, ennuyés de répéter toujours la même chose, ne procèdent plus ici que par énumération de synagogues transformées. — Il prêchait à l'angle de notre couvent d'où il avait devant lui la plus grande artère de Saragosse couverte, aussi loin que s'étendait le regard, d'une foule recueillie. On y a placé sa statue que 1835 a fait disparaître, — Mais... la rue qui s'appelait *Calle de los predicadores* s'appelle depuis *Calle de la democracia !*

A Calatayud, il prêcha d'abord d'un balcon sur la place du Marché qui est grande ; mais elle ne suffit pas encore, il fallut transporter la chaire sur les collines environnantes où deux monuments primitifs peu différents des rochers qui émergent lui furent élevés. On les voit encore. Un jour, pendant qu'il prêchait, un enfant tomba dans un ravin escarpé ; il devait être broyé infailliblement, il fut relevé riant de sa maladresse. Là, sous un vieux pont, gronde un torrent au lit encaissé ; quand venait la fonte des neiges il débordait violemment et dévastait tout. Une satue de Vincent Ferrier le lui défend depuis des siècles, et depuis des siècles il obéit.

Sur la place du Marché où il prêchait d'abord, et du même balcon, tant qu'il y eut des Dominicains à Calatayud, tous les ans, le jour de l'Ascension, on récitait le rosaire et l'on prêchait en souvenir de lui. Dans l'église Saint-André se conserve sa chaire avec inscription datée, — toujours bonne fortune pour l'historien. « De cette chaire l'ange de l'apocalyse, Vincent Ferrier, prêcha l'an 1415. »

Graus en Catalogne revit avec bonheur Vincent Ferrier. Là, dès 1398, avait commencé cette compagnie disciplinante qui le suivait toujours. En souvenir il laissa son crucifix de missionnaire qu'on honora d'une belle chapelle en marbre noir, style oriental. Depuis lors « plus d'épidémies, plus de sécheresses l'été, plus d'inondatious l'hiver ». Ainsi parle un papier antique accolé à la muraille. Sur un rocher qui domine la ville est un sanctuaire dédié à la Sainte Vierge : la statue soustraite aux profanations des Sarrazins paie ce service par d'innombrables bienfaits, les pèlerinages y rapportant, par brefs bien authentiques, autant d'indulgences que saint Jacques de Compostelle. On s'y rend par un sentier taillé dans le roc continué par un cloître en arceaux ; au milieu à peu près de la montée a été ménagé un rond-point d'où l'on domine les coteaux environnants. Vincent Ferrier s'en fit une chaire : il s'appelle encore *Predicadera de san Vicente*. Il laisse là un de ses disciples pour évangéliser la contrée. Quand ce vaillant mourut, les cloches l'annoncèrent sans qu'un bras humain les mît en branle. Les sarments sur lesquels on le trouva étendu refleurissaient tous les ans. La pierre qui lui servait d'oreiller s'effrita bientôt, car un peu de cette pierre pulvérisée guérissait les fièvres. Il est honorablement enterré dans le sanctuaire de la Vierge, à droite du maître-autel objet d'un culte ininterrompu.

A Barbastro, ville épiscopale, le 29 juin pendant le sermon, un orage s'éleva tellement violent que chaque éclair souffletait les visages comme un vent de feu ; les cœurs se glaçaient, la pâleur était sur tous les visages. Un signe de croix : et aussitôt les nuées livides se déchirent comme une étoffe, laissant au fond reparaître l'azur. « Mais prenez garde, dit le saint, l'année qui vient, à pareil jour un orage éclatera et pire encore ; ses effets dépendront de votre fidélité au service du Maître des éléments. »

A Aïnsa, ville voisine, 8000 auditeurs l'écoutaient en silence ; un mulet se mit à braire si drôlement que les rires commençaient. Il reconnut l'ennemi, et le fit taire d'une adjuration énergique. Le mulet du reste ne fut jamais retrouvé.

Il ne laissait jamais l'hospitalité sans la payer de quelque faveur signalée. Une famille de ces contrées a constaté qu'aucun de ses enfants n'est mort sur les champs de bataille, selon la promesse formelle de l'apôtre.

Notre couvent de Cervera gardait religieusement la mémoire d'un fait extraordinaire dont il fut le théâtre. Une nuit les voisins de cellule du saint perçurent des paroles échangées à demi-voix, puis tout un long dialogue : un personnage vêtu de la robe dominicaine et entouré d'une clarté céleste s'entretenait avec lui. On respecta le prodige, mais on sut depuis que saint Dominique lui-même avait voulu visiter son digne imitateur, l'assurer de son salut éternel et lui donner courage pour les rudes labeurs qui l'attendaient encore.

Au sortir de là, le long des chemins difficiles, trois prodiges consécutifs portèrent au comble l'enthousiasme de ceux qui le suivaient. Le premier peut se lire exactement et mot pour mot dans saint Mathieu, (chapitre XV), sauf qu'il se passa aux portes de la Chartreuse de *Scala Dei*, pas très loin de la frontière française. Le second va nous être raconté par un témoin oculaire : « Nous arrivions dans une ville de Catalogne appelée Villa Longa, au nombre d'environ 1.000 personnes : un seigneur nous offrit un demi-tonneau de vin pour nous rafraîchir. Nous en bûmes tous, et le tonneau fut trouvé plein. De plus, Maître Vincent dit au seigneur : donnez de ce vin à tous ceux qui vous en demanderont. Or, ce vin guérissait les malades. On juge si les buveurs se firent nombreux. Dix ans après j'ai revu ce seigneur, il m'a affirmé sur le salut de son âme que le vin n'avait pas encore diminué. » — Un autre témoin raconte qu'entre le bourg de la Roche et Saint-Solon, ils se trouvèrent perdus dans des défilés abrupts qui se resserraient de plus en plus, harassés et mourant de besoin. Avec anxiété ils regardaient leur guide lorsqu'ils le virent s'avancer vers une masure près de la lisière d'un bois : il les fit asseoir, et voilà que des gens débouchent de tous côtés portant des victuailles en telle quantité qu'il y en eut, et de reste, pour tout le monde. « Or, dit le témoin, nous étions 2.500. Un *répons* liturgique à l'office du saint rappelle ce miracle.

CHAPITRE XV

Cependant le Concile de Pise continuait ses travaux, si l'on peut appeler ainsi la besogne de gens qui, ayant secoué l'autorité légitime, prétendaient en imposer une de leur choix. Ils n'aboutirent qu'à augmenter le gâchis en créant un troisième pape, Alexandre V. A Rome régnait Grégoire XII. Pour nous comme pour l'Eglise, dès que, pacifiée, elle put se reprendre elle-même, les successeurs d'Urbain VI continuent seuls la série des Pontifes légitimes : Grégoire XII avait donc seul mission pour gouverner la chrétienté, par conséquent pour convoquer un Concile. Le Concile de Constance qui va s'ouvrir, et d'où enfin sortira l'extinction du schisme, n'aurait pas eu plus d'autorité que celui de Pise si Grégoire XII ne l'eût approuvé. Pour faciliter la marche des choses il offrit sa démission ; de gré ou de force Jean XXIII successeur d'Alexandre V en fit autant. Restait Benoît XIII. Pour l'y amener, le roi Ferdinand convoqua dans Perpignan une grande assemblée de princes et de prélats où l'on examina avec la plus grande maturité tous les côtés de la question. On vit de plus en plus clairement que rien n'avancerait et que l'on retomberait dans d'inextricables embarras si le Pontife d'Avignon ne se démettait à son tour. L'Empereur Sigismond, par l'intelligente activité duquel s'était réuni le

Concile de Constance, n'hésita pas à venir en personne à Perpignan tant pour honorer le Pontife que pour voir par lui-même et aplanir les difficultés. Vincent Ferrier fut l'âme de cette assemblée. Là il rendit à l'Eglise de Dieu le même service qu'il avait rendu à sa patrie à Caspe. Seule, comme à Caspe, son autorité pouvait avoir raison de toutes les résistances.

Il commença par déblayer le terrain en convertissant les pécheurs. Perpignan avait son Université, les étudiants y étaient assez dépravés. Tous revinrent à résipiscence, tous les rangs de la société s'amendèrent. Le Pape et l'Empereur, les Prélats et les Princes assistaient avec empressement aux discours de l'humble moine. Jouissant de la confiance universelle, et négociateur habile, il ménageait des entrevues entre le Pape et l'Empereur ; il allait de l'un à l'autre, portant des messages, expliquant les raisons, ne s'en rapportant qu'à lui-même, persuadé qu'au point aigu où en était la crise, un mot mal interprété pouvait tout perdre.

On n'obtint du Pontife que de vagues protestations de bon vouloir. Cette incompréhensible opiniâtreté fit croire à l'Empereur qu'il y avait connivence de la part de Ferdinand ; il menaça de coaliser contre lui l'Europe entière. Pauvre roi étendu sur un lit de douleur depuis son arrivée, impuissant même à signer les actes diplomatiques ! mais vigoureux d'esprit.

Le diable usait de tous ses moyens. Maître Vincent lui-même à bout de forces, brisé par la torture morale, ne voyant aucune trouée à l'horizon, tomba gravement malade. Comme dans Avignon dont Perpignan était le corollaire logique, il allait mourir : une seconde fois l'intervention surnaturelle le sauva. Le Pape lui envoya son médecin. « Merci ! dit-il, ce n'est pas de la terre, aujourd'hui,

mais du ciel que me viendra le secours ; je prêcherai jeudi
à tout le peuple assemblé. » Le médecin interrogé répondit : « Selon la science, il n'a pas une heure à vivre, mais
il a des ressources à lui ; il a dit qu'il prêcherait jeudi,
soyez sûrs qu'il le fera comme il l'a dit. » Le jeudi, il parut, un peu pâle, devant l'assemblée plus compacte encore,
et agitée comme les flots quand se prépare la tempête. —
« Ossements desséchés, écoutez la voix de Dieu ! » Tel
fut son texte. Durant trois heures, il fut sublime d'indi-
gnation contenue et des plus attendrissantes supplications.
Manifestement sa parole passait par-dessus l'immense
foule pour aller atteindre en plein cœur celui qui, plus
insensible que les ossements desséchés, lassa toutes les at-
tentes, déçut toutes les espérances. Pierre de Lune était là...
Il n'y avait plus qu'à marcher sans lui.

Pour ne rien précipiter, on assembla de nouveau les
prélats, les docteurs, les ambassadeurs des puissances ;
on reprit une à une toutes les questions en litige, on pesa
toutes les conséquences. D'heure en heure, le roi faisait
connaître à Vincent Ferrier le point où en étaient les délibérations. Par délicatesse, il avait refusé d'y prendre
part. Trois fois on renouvela auprès du Pontife les plus
humbles prières, les plus pressants appels à la conciliation.
Rien ne le toucha ; mais il comprit que tout était fini et
donna l'ordre du départ pour Collioure où étaient ses ga-
lères. Le roi le fit suivre par l'élite de sa cour avec mission
de tenter une dernière fois de le fléchir. Vraiment, on trai-
tait noblement ce courage si mal placé. Il répondit en mettant le pied sur sa galère prête à faire voile : « Dites à votre
roi ceci de ma part : Moi qui t'ai fait ce que tu es, tu me
jettes au désert. »

Sur l'avis formel de Maître Vincent l'assemblée conclut
à la soustraction d'obédience, sans laquelle, disait-il, tout

ce qui se ferait à Constance demeurerait stérile. Energique dans ses convictions, il prit lui-même en mains l'affaire, ordonna qu'on fît connaître sans retard à l'Empereur déjà à Narbonne les résolutions prises ; et, le 6 janvier 1416, il lut en chaire une déclaration rédigée avec un art consommé, par laquelle les princes renonçaient à l'obédience de Pierre de Lune, non qu'il cessât d'être pontife légitime, mais comme étant le seul obstacle à l'union de la chrétienté depuis si longtemps troublée, et afin que l'Eglise pût enfin se donner un chef universellement reconnu. Cet acte était signé de tous les princes présents et de tous les plénipotentiaires des princes absents. Le schisme était fini. Désormais, tout ce qui se fera, même à Constance, sera la suite naturelle de ce qui venait de s'accomplir à Perpignan. On le comprit au Concile ; un *Te Deum* fut chanté ; et Gerson, chancelier de l'Université de France, se fit auprès de Vincent l'interprète de la reconnaissance publique.

Celui-ci reprit le jour même sa vie d'apôtre. Quoi qu'on en ait dit, et malgré les plus honorables instances, il n'alla pas au Concile. Instrument de choix, mais simple instrument, il pouvait aider l'Eglise, et il le faisait de tout son pouvoir : il n'était pas l'Eglise. Remise en marche normale par lui, l'Eglise pouvait se passer de lui. Et il était si nécessaire ailleurs !

Le roi Ferdinand, épuisé par ce dernier effort, mourut peu après, véritable martyr du devoir royal, modèle de toutes les vertus privées et sociales. Benoît XIII, qui ne s'appellera plus désormais que Pierre de Lune, — car il y a dans la série des Papes un autre Benoît XIII — vécut huit ans encore sur son rocher de Péniscola, bizarre de forme et imprenable, image fidèle de son tempérament. Tels on voit dans la nature les hôtes de la création vivre dans les milieux qui leur ressemblent. Lorsque Martin V, élu à Constance lui envoya offrir une retraite honorable, il frappa du pied la terre en disant : « C'est ici l'arche de Noé ! » Il obligea sous serment les deux cardinaux qui l'avaient suivi, à lui donner un successeur. Ce fut Gil Mûnoz chanoine de Barcelone qui prit le nom de Clément VIII : minuscule Pontife, dont le nom et le souvenir sont perdus dans la poudre des vieilles chroniques. — Excommunié sans repentance, hélas ! Pierre de Lune fut transporté, soigneusement embaumé, à Illueca, son pays natal. Selon une prédiction de saint Vincent Ferrier, en 1808 son corps fut écharpé, et les enfants jouèrent avec sa tête. J'ai tenu cette tête dans mes mains ; elle est superbe et ferait honneur à un Musée de phrénologie.

Commencé au milieu des troubles qu'avait suscités un si long désarroi en toutes choses, le Concile de Constance s'orienta peu à peu, et peu à peu élagua les obstacles accumulés. Les diables que Vincent Ferrier voyait par milliers autour de chaque session, faisaient les derniers efforts pour paralyser l'impulsion donnée. Un jour une discussion s'éleva, sans qu'on pût s'entendre ; comme elle touchait aux fondements même de la foi, les esprits allaient rester en suspens, lorsque le général des Dominicains se leva : « Il n'y a qu'un homme, dit-il, qui puisse dérimer ce litige doctrinal, c'est Maître Vincent. — Mais il est bien loin ! — Qu'on lui envoie des délégués. » Les délégués partirent, ayant à leur tête le cardinal de Saint-Ange. Le saint prêchait alors à Dijon. Il écouta l'exposition du cas, le résolut, en fit ressortir l'extrême simplicité. « Prenez garde, ajouta-t-il, la lumière supérieure ne brille que dans les âmes vraiment détachées de toute préoccupation humaine. »

Enfin le 11 novembre 1417, jour de saint Martin, toutes les voix du Conclave se réunirent sur le nom d'Otto Colonna qui voulut s'appeler Martin V.

Chose bizarre, qui ferait sourire si tant de calamités n'avaient attristé les âmes, ce schisme, causé par appréhension des Romains, finit par l'élection d'un Romain.

La Providence sait mieux que nous ce qu'il nous faut.

CHAPITRE XVI

Pluie et beau temps. — Entrain méridional. — Aveugle qui ne voit pas clair — Nouvelles Pâques Fleuries. — Déposition de sept pages. — Chômage universel. — Marché aux haires. — Petits enfants bien sages. — Contradicteur malheureux. — Machine qui tombe. — Paralytique décidé. — On carillonne. — Le pays des confitures. — Au tombeau de Duguesclin. — Jugement de Salomon. — Trio de Saints. — La croix du ciel et la croix de la terre. — A travers le Centre. — Evêque trop prudent. — Ambassade comme à un roi. — Sur le chemin de Bretagne.

Du Roussillon, aujourd'hui français, Vincent Ferrier n'avait qu'un pas à faire pour entrer dans notre Midi où du reste il était connu. Plus d'une fois les fléaux publics avaient fait penser à lui. C'est ainsi que la Providence, par de miséricordieuses atteintes à nos biens passagers, attire l'attention sur les biens éternels. Toute la Sénéchallerie de Carcassonne souffrait du manque d'eau : dès qu'on sut qu'il approchait, on se porta en foule au devant de lui. Sans autres préparatifs, il fit agenouiller tout le monde autour d'une croix comme cela se pratique pour les rogations, pria et fit prier. On était encore en prières lorsque du ciel toujours bleu tomba une humidité rafraîchissante prélude d'une pluie qui dura trois jours. Le soir du troisième jour il ordonna le départ bien qu'il plût à verse. On le lui fit remarquer : « N'ayez nulle crainte, dit-il, c'est fini. » Et ce fut fini. On observa que, durant tout ce voyage, il parut à son gré maître des éléments.

Reconnaissante, la Municipalité de Béziers voulut à toute force lui faire accepter des honoraires. Il refusa comme toujours. On le pria au nom du bon Dieu ; on savait que ce nom excitait en lui une douce émotion : exceptionnellement il permit au *régisseur* de sa compagnie d'accepter trente écus qui, le jour même, furent distribués aux pauvres.

L'entrain méridional donna aux processions disciplinantes un caractère plus touchant encore que de coutume. « Le sang coulait jusqu'à terre », dit un témoin de Castelnaudary. — Il ne faudrait point ici trop facilement incriminer les méridionaux réputés vifs, mais peu stables : les associations de pénitence persistent dans le Midi, après six siècles.

Un honnête habitant de Montolieu, vieillard fort vigoureux encore, raconta aux commissaires enquêteurs son histoire : « Ce n'est pas, dit-il, que je fusse précisément « aveugle, mais quoique je sache lire et même le latin, je « ne pouvais plus distinguer les lettres, ni reconnaître personne dans la rue, fût-ce même mon père ou ma mère. « Quand Maître Vincent fut chez nous, je me présentai à « lui comme il descendait l'escalier du monastère et le « priai, au nom de Jésus-Christ, de me rendre la vue. Il « s'arrêta, me fit le signe de la croix sur les yeux en prononçant certaines paroles, et aussitôt la vue me revint si « bien que j'ai depuis d'aussi bons yeux que n'importe qui. « C'était le 25 mars ; il y a de cela 37 ans. Deux cents personnes étaient présentes. » — Un vitrail de l'église représente ce miracle.

Le vendredi avant Pâques fleuries, le saint fit son entrée à Toulouse. Cette entrée ressembla beaucoup à celle de son Maître à Jérusalem le jour des Rameaux. Il fallut, pour qu'il ne fût pas étouffé, l'enfermer dans de puissants madriers portés par six hommes. L'empressement était tel à lui baiser les mains qu'il dut les mettre sur sa tête. On lui jetait des mouchoirs, des objets de toute sorte, pour avoir au moins quelque chose qu'il eut touché. « Il prêcha d'abord dans notre église, raconte un Dominicain ; j'étais sacristain alors : j'avais beau être matinal, je trouvais toujours une multitude de gens qui attendaient à la porte depuis plusieurs heures sans donner aucun signe d'impatience. Dès que les portes s'ouvraient, c'était une irrésistible poussée. Un matin une femme tomba, cent personnes au moins la foulèrent aux pieds , elle ne se troubla point, invoqua dans son cœur le thaumaturge ; l'avalanche passée, elle se releva, entendit la messe, le sermon, et revint chez elle sans une contusion.

Il voulut d'abord ne pas faire de miracles, craignant la vaine gloire, mais la tristesse et la foi de ces bonnes gens eurent bien vite raison de ses scrupules.

Quand on canonisa Vincent Ferrier, Toulouse avait pour Evêque un de ceux qui, étudiant, avait vu tout cet enthousiasme, toutes ces foules, tous ces miracles : sa déposition ne tient pas moins de sept grandes pages. Chaque sermon était un triomphe d'éloquence ; mais deux surtout firent sur les Toulousains une impression qui s'est répercutée à travers les siècles. Le dimanche des Rameaux prêchant sur la place Saint-Etienne, devant la cathédrale, il évoqua si puissamment les justices définitives, et sa voix prit un tel accent qu'il ne parut plus un homme, mais l'ange chargé d'appeler les générations humaines au tribunal du souverain Juge ; le tonnerre de sa voix prit une telle puissance, que de toute cette immense foule qui remplissait l'église, la place et les rues adjacentes, pas un ne resta debout : la terreur saisit l'immense auditoire qu'on porte à 3o.ooo personnes ; tous tombèrent la face contre terre. Il dut les relever de sa toute puissante volonté, comme fit le Christ de la foule qui vint le saisir au jardin. — Le vendredi-saint, il peignit avec des couleurs si vives les tourments de la Passion que chacun crut assister au drame divin ; et ce furent de longs sanglots et de lamentables clameurs de repentir.

« J'ai assisté à des discours superbes, a déclaré un de ses auditeurs, je connais nombre de puissants orateurs; mais ni avant ni depuis, jamais rien de semblable; et je peux sans crainte engager l'avenir. »

L'apôtre était vieux, cassé, il fallait souvent l'aider à monter en chaire ou à l'autel, mais dès qu'il parlait toute la vigueur de la jeunesse lui revenait; la fraîcheur du timbre, la portée de la voix se soutenaient trois heures chaque matin, et quelquefois cinq et six heures, bien qu'il fût absolument à jeun. Tous les témoins jusqu'à son heure dernière rappelleront ce galvanisme divin qui complétait le don des langues et les autres dons merveilleux que le ciel lui avait prodigués. — Ajoutez à ces prestiges la renommée de ses miracles sans cesse renouvelés. Enfin s'il est vrai que l'auditoire fait l'orateur, songez qu'il avait autour de sa chaire non seulement des villes mais des provinces entières.

Pendant son séjour à Toulouse tout chôma : les cours publics, les tribunaux, les affaires; les seuls magasins ouverts étaient ceux où l'on vendait des haires et des disciplines. Durant ce temps béni, toutes les pensées de ce peuple furent de l'autre côté de la tombe. On remarqua, détail charmant, que laissés seul depuis minuit jusqu'à midi, les petits enfants ne criaient ni ne s'agitaient, gardés par leurs anges, et à leur arrivée ouvraient, souriants, leurs petits bras à leurs heureux parents. Dans ces foules d'hommes et de femmes entassés, la nuit, sur les places publiques, il n'y eut pas un désordre, pas un accident; et, si quelque imprudence survint, elle ne servit qu'à rehausser la renommée du thaumaturge.

Il y eut des contradicteurs ; des prêtres vinrent sous des

habits d'emprunt pour tâcher de le prendre en défaut : tous furent obligés de convenir que manifestement l'Esprit-Saint parlait par sa bouche, et que, depuis les Apôtres, jamais pareil prédicateur n'avait paru. Le jour de Pâques, il commenta le mystère de la Résurrection, et dit comment Notre-Seigneur avait d'abord apparu à sa Mère en compagnie de tous les justes de l'Ancienne Loi. Et il y a, par parenthèse, le sujet d'un très beau tableau dans la comparution de nos premiers parents, source de tant de maux, et de tous les prophètes qui avaient parlé d'elle, devant cette femme qui a pu tout réparer en donnant au monde le Sauveur. Le soir, un religieux d'un autre Ordre se fit fort, disait-il, de démontrer la fausseté de ces assertions. A peine avait-il commencé son discours qu'une pâleur subite altéra ses traits ; il se troubla, ne put continuer, et ne reparut plus à Toulouse.

Quand l'Apôtre partit, bon nombre de maîtres et d'étudiants le suivirent ; mais, se sentant vieux, il laissa les femmes de sa compagnie dans un vaste local que la municipalité mit à sa disposition, se chargeant en même temps de pourvoir à leur subsistance ; elles y menèrent en communauté la vie la plus édifiante.

A Muret, où la guerre des Albigeois avait pris fin par le triomphe des armes catholiques, le miracle de Nules se renouvela. Une sorte de plancher provisoire supportant une lourde machine et dominant les gradins où la foule était assise, se rompit, et sa chute allait immanquablement tuer ou blesser plusieurs personnes, lorsque un geste du thaumaturge arrêta la rupture, jusqu'à ce que toute l'assistance se fût écoulée. Au fracas de l'écroulement on put mesurer le danger

A Montesquieu, parmi les miraculés, un épileptique vit, sous la bénédiction du saint, disparaître son terrible mal.

Nous sommes obligés désormais de ne plus tenir compte des miracles *ordinaires*, dont la répétition deviendrait fastidieuse. Mais l'enthousiasme des populations ne diminuait pas : nous en retrouvons l'écho, après trente ans, dans le style des dépositions juridiques. « Je sais de science « certaine, dit un citoyen de Castres, qu'au temps de ma « jeunesse, la renommée aux ailes bruyantes, nous apporta le nom d'un certain Frère Prêcheur, sujet du roi « d'Aragon, maître en théologie, prédicateur sans pareil; « son nom était dans toutes les bouches, il s'appelait « Maître Vincent... Nous vîmes un jour venir deux « hommes portant un paralytique. C'était l'heure des « vêpres, nous les priâmes d'attendre, mais le paralytique « se cramponna des deux mains à une balustrade, et protesta qu'il ne s'en dessaisirait point avant d'avoir reçu « la bénédiction de Maître Vincent. Celui-ci parut bientôt. « — Que voulez-vous de moi ? — Il y a sept ans que je suis « cloué sur ce grabat, rendez-moi la santé. — Le saint « le toucha et le bénit : aussitôt le malade fut pris d'un « mystérieux sommeil dont il sortit complètement guéri.

« Au moment du sermon, un orage terrible éclata, les « cloches d'alarmes furent mises en branle. Un signe de « croix, et, sans transition, les nuages se dissipèrent, le « ciel devint tout d'azur. »

Les témoignages d'Alby, de Najac, de Villefranche reflètent le même entrain. Près d'Alby, s'élève le sanctuaire de N.-D. de la Drèche, où une tradition respectable place l'Apparition qui enseigna le Rosaire à saint Dominique. Saint-Affrique, Sauveterre, Rodez, Milhau, toute l'Auvergne se mit en frais. Dans le pré, où il prêcha, au bas de Rodez, on ferait aisément manœuvrer des escadrons de cavalerie. « Quand on apprit son approche, dit une lettre « écrite de Milhau, les Consuls, comptant avec raison sur

« une grande affluence d'étrangers, firent des provisions
« de grains et préparer des logements. »

A son arrivée, le soir du 23 juillet, on sonna toutes les
cloches. Et ceci n'est point une phrase. car le compte municipal porte : « Payé 11 sols vi deniers au sonneur qui
« carillonna à l'arrivée de Maître Vincent. »

L'Auvergne était dès ce temps-là la terre classique des
confitures, car on trouve un compte de 4 deniers pour
« pâte de coins » donnée à un malade. On peut aussi
constater que les tabellions ont singulièrement augmenté
leur tarif, vu que six *lettres closes*, dont deux à Maître
Vincent, ne furent payées à Me Colonghas, qui faisait office
d'écrivain public, que 2 sous, 6 deniers. Enfin les eaux
médicinales du centre, Vichy, Royat, la Bourboule étaient
déjà connues. Il s'y commettait beaucoup de désordres
contre lesquels l'apôtre protesta en usant, vis-à-vis des
principaux coupables, de son intuition surnaturelle, ce
qui les obligea, bon gré mal gré, à s'amender.

Une chronique d'Etienne de Médicis, bourgeois du Puy,
raconte que « le troisième jour d'octobre 1416, très hono-
« rable homme, maître Vincent de Ferrières (*sic*), prêchant
« parmi le royaume de France, entra environ vespres en
« la ville du Puy ; et qu'il avait avec lui de 80 à 100 reli-
« gieux habillés en façon d'hermites qui allaient ensemble
« deux à deux en manière de processions, et chantaient
« dévotes antiennes et se disciplinaient, et le sang en yssait
« abondamment ; et le suivait le peuple en si grande quan-
« tité qu'on ne saurait dire ; et y venaient de 10 lieues,
« 15 lieues, 20 lieues ; et l'avaient chacun moult agréable
« excepté les clercs, et faisait miracle ».

Nos chers Bretons apprendront avec plaisir que Mes-
sire Bertrand Duguesclin fut enterré au Puy, dans l'église
de Saint-Laurent où Maître Vincent prêchait.

Les comptes de Clermont-Ferrand ont cinq articles relatifs à ce que l'on donna aux gens qui eurent à s'occuper de Maître Vincent, *pour boire* (sic). Et ce n'était pas pour se rafraîchir, mais bien plutôt pour se réchauffer, car il faisait si froid qu'il fallut « chauffer les disciplines » c'est-à-dire vraisemblablement la salle où les disciplinants revêtaient leurs costumes, et préparer du feu « à Maître Vincent pour chauffer ses doigts quand il chantait ». On était en novembre et il était septuagénaire. Quand il partit de Clermont-Ferrand, les Chanoines et les Dominicains se disputèrent la chaire où il avait prêché ; ne pouvant s'entendre, ils la coupèrent en deux. Les preuves matérielles de cet arrangement renouvelé de Salomon n'existent plus.

Moulins craignit d'être affamé, car on exempta des impôts ceux qui apporteraient du pain. A Lyon de nouveau, à Mâcon, ce fut dans des prés immenses, dont il fallut en outre abattre les murs de clôture, qu'il dut prêcher. L'impression causée par la compagnie des disciplinants fut profonde ; les archives parlent tout au long « de ses gens « qui allaient toutes les nuits soi battants tous nus jus- « qu'au sang, tant hommes comme enfants mâles depuis « l'âge de douze ans jusqu'à sept, et femmes et vieillards, « criant à haute voix et grands cris : Seigneur Dieu ! Jhé- « sus, miséricorde ! »

A Besançon vivait sainte Colette, réformatrice des Clarisses. Attachée comme Vincent Ferrier au Pontife d'Avignon, elle forme, avec Pierre de Luxembourg et lui, le saint trèfle des canonisés qui soutinrent inconsciemment le schisme. C'était une âme de grande vertu et d'oraison profonde. Dès Saragosse, Maître Vincent avait eu communication surnaturelle de sa sainteté, et il vint à Besançon exprès pour conférer avec elle des intérêts de l'Eglise. Là, à la grille d'un pauvre monastère, ces intérêts se traitèrent plus efficacement que dans les assemblées des princes et des prélats. L'évêque Thiébaut de Rougemont reçut à Constance une lettre signée des deux saints lui notifiant que la paix du monde chrétien était proche, et qu'il devait avoir et inspirer bon courage au Concile. Cette lettre fut lue publiquement.

Le saint fit don à la sainte de la croix qu'il portait dans ses missions. Et c'était un précieux cadeau. Moins précieux cependant que la croix d'or incrustée de perles que lui avait apportée saint Jean de la part de N.-S. J'ai vu la croix de la terre et la croix du ciel : celle-ci bien en or, quoique avec une nuance inexplicable pour les orfèvres ; seul bijou dans ce royaume de la pauvreté.

Besançon a possédé jusqu'à la Révolution un bras de saint Vincent Ferrier ; il manque et manquera toujours à l'inventaire de Vannes, car la sauvagerie révolutionnaire l'a brûlé avec un nombre incalculable d'autres reliques ou objets religieux.

Dijon mit des gardes à toutes ses portes pour que nul étranger armé n'y entrât pendant le séjour de Maître Vincent. Les *beloingiers* reçurent ordre de « cuire pain blanc « assez pour que la ville n'en eût point faute ». Les hôteliers et autres *hébergeurs* eurent défense de rançonner les hôtes à raison de leur grand nombre ; et on vota « au Frère « Vincent qui était venu faire de moult belles et notables « prédications, un don en drap, vaisselle ou monnaie jus- « qu'à xx francs. »

A Clairvaux, les enfants de saint Bernard étaient décimés par la peste : le saint aspergea d'eau bénite tous les lieux conventuels, et le fléau ne reparut plus. Bizarre que saint Bernard n'ait pas fait cela lui-même ! On n'est pas jaloux au ciel.

Maître Vincent alla vraisemblablement jusqu'en Lorraine, bien que nous n'ayons que des données vagues. En tout cas il revit certainement la Savoie, car c'est à cette époque qu'il posa la première pierre du couvent de Chambéry, où il laissa son missel, son bâton, sa chape et son chapeau qui est aujourd'hui à Lyon. Je l'ai vu de mes yeux avec toutes les preuves d'authenticité.

Nevers et Decize ont des comptes en règle touchant la réception qui fut faite au grand prédicateur. Sa dépense à Nevers fut de 41 livres, 13 sous, 8 deniers ; à Decize, de 24 livres, 11 sols, 10 deniers.

A Bourges, une épreuve assez pénible l'attendait. L'évêque absent, et prévenu contre cet homme extraordinaire que suivait une foule de gens capable d'affamer même les grandes villes, arriva décidé à lui interdire l'entrée de sa ville épiscopale. Mais, quand il vit ce vieillard lui demander humblement sa bénédiction ; quand il l'eût entendu, et surtout quand, souriant l'apôtre lui fit comprendre que rien ne lui était inconnu du secret des cœurs, les rôles furent changés ; le jour du départ, ce fut l'évêque qui s'inclina sous la bénédiction du saint.

A Tours, Antoine Montanus vint de la part du Concile de Constance lui notifier, comme à un roi, l'élection de Martin V. A Tours aussi Jean Bernier vint pour la troisième fois lui présenter les lettres du duc Jean de Bretagne, le priant instamment de se rendre dans ses Etats et d'y rétablir la Foi catholique. Le saint donna son consentement « en toute bienveillance et humilité ».

Après avoir traversé la Touraine et l'Anjou, qui « de Babylone de vices furent changées en Jérusalem de paix », il mit le pied en Bretagne d'où il devait monter au ciel.

CHAPITRE XVII

Le voilà donc sur la terre de granit, le grand homme qui a régénéré le monde. Comme dans cette pierre devenue cire sous sa main de thaumaturge, il y gravera plus ineffaçablement que partout ailleurs la Croix divine ; il y laissera comme un testament de vie, impérissable, la Foi mère des fidélités et des courages. De là il voudra partir vers sa douce patrie, pour que la tombe soit où fut le berceau ; il ne le pourra pas, et sa dépouille mortelle restera là, féconde en prodiges, reproche éternel aux renégats.

Quand on y réfléchit, la mission de cet étranger en Bretagne est un des faits les plus extraordinaires de l'histoire, et je ne puis que reproduire ici les lignes que m'a inspirées cette longue étude.

Sera-t-il permis à l'historien, sans forfaire à sa mission calme et froide, dans un siècle où tout va si vite, — les livres, les hommes et les événements, — de formuler tout haut la réflexion qui hante son esprit ?

Le Juge suprême avait prédit à son prophète de la fin des temps qu'il mourrait *in fines orbis*, où finit l'univers : n'y a-t-il là qu'une indication géographique ?

Si les dernières volontés d'un mourant sont sacrées, si le testament d'un homme est un acte qui domine à juste titre toute législation, n'est-il pas permis de voir, dans les circonstances, merveilleuses d'ailleurs comme toute sa vie, qui accompagnèrent la mort de l'apôtre européen, un sens grandiose ?

Serait-il surprenant que le trépas de ce prophète renfermât quelque prédiction de large envergure ? Qui sait si, là où s'est éteint le dernier éclat de cette trompette du jugement, ne viendra pas retentir le premier coup de clairon des phalanges vengeresses ?

Il est à craindre, hélas ! que la France, après avoir porté sur tous les points du globe son épée ou son génie prosélytique, n'inaugure la série des nations périssantes, pionnière de la mort comme de la vie. Mais il resterait debout, ce fragment de peuple au cœur si français, qui a su, même à la France oublieuse, donner tant de leçons d'honneur et de fidélité ; il serait là, veillant sur le tombeau de sa patrie d'adoption, et attendant, comme ses ancêtres, que le ciel tombe.

Il y a ceci au moins qui paraît démontrer qu'au sort de la France sont liées les destinées du monde : pendant que Vincent Ferrier annonçait à la vieille Europe la fin de toute chair, la France était arrivée au point de sa décadence la plus extrême. Tout était perdu. Le roi d'Angleterre, partout vainqueur, signait ses actes du titre arrogant de « roi du royaume uni de France et d'Angleterre ».

A cette heure douloureuse, Dieu manifestant sa volonté par un prodige, Vincent Ferrier mourait sur la terre française. Un parfum d'immortalité sortit de cette tombe. Là s'élaborait l'espérance.

Une touchante coïncidence en est la preuve. Quand le monde reprenait vie ; dans cette nuit même où le grand vieillard errait aux environs de la ville bretonne, cherchant en vain le chemin du retour, à l'autre bout de la France, une humble petite enfant entendait des voies mystérieuses : Jeanne d'Arc avait dix ans.

Et c'est Calixte III, le pape prophétisé de Vincent Ferrier, celui-là qui devait le canoniser lui-même, c'est Calixte III qui a rayé de l'Histoire la monstrueuse iniquité du procès de Jeanne d'Arc. L'acte d'annulation est du 7 juillet 1456.

La Bretagne est le seul pays dont la langue lui soit inconnue, où il entre de plain pied. Partout ailleurs, il côtoie, il hésite, il craint de tenter Dieu. Il est ici chez lui. Après avoir plané sur le monde, ange aux grandes ailes, il restreint pour ainsi dire les orbes de son vol, prêt à se reposer. Toutefois le temps qu'il donne à ce pays, relativement à l'espace géographique, sera le plus long. Aussi, son premier biographe, non moins étranger que lui à la Bretagne, consacre à l'apostolat breton un tiers de son ouvrage. En France ses deux historiens les plus intéressants jusqu'à ces temps derniers sont bretons. — Il n'y a pas jusqu'à la dispute épique pour la possession de ses restes mortels qui ne soit un étrange sujet d'observation. Normalement, son corps devait appartenir à ses frères les Dominicains ou aux Franciscains de Vannes. Nous sommes donc en face d'un fait qui s'impose à l'attention.

C'est pourquoi dans un livre modeste de forme, mais spécialement écrit pour la Bretagne, tout ce qui concerne ce pays doit être soigneusement recherché et conservé. Quand le grand thaumaturge prêcha pour la première fois sur les Lices de Vannes, il dit : « Recueillez ce qui reste », c'est un ordre qui pour nous aussi tombe de sa bouche prophétique. De ville en ville, de village en village, pas à pas nous l'avons suivi. Nous consignons ici avec un respect ému tout ce qui survit de ce grand homme, dont l'œuvre majeure est certainement d'avoir fait la Bretagne ce qu'elle a été jusqu'à ce jour.

Il avait le souci de cette œuvre et de la mission de son pays, ce duc Jean V qui par trois fois délégua Jean Bernier de Cordêmes à la recherche de l'apôtre, avec une supplique officielle, mais surtout les prières les plus instantes de venir évangéliser son peuple. Si l'on veut bien considérer l'éloignement et la difficulté des voyages en ce temps-là, on jugera de l'importance que le duc attachait à ce message. L'envoyé l'atteignit la première fois au fond de l'Auvergne, au Puy en Velay. L'accueil qu'il en reçut fut encourageant ; mais le Breton, pratique et de race obstinée, se présenta une seconde fois à Bourges, une troisième fois à Tours ; et put alors venir donner à son maître des assurances formelles.

C'est un Breton, un Vannetais, qui nous fait connaître la mission d'Angers. Sans lui nous n'aurions pas le début du grand mouvement qui devait transformer la terre désormais classique de l'honneur et de la fidélité. Il put se rendre compte des choses par lui-même, et après trente-cinq ans son récit se ressent encore de l'impression profonde qu'il éprouva. « Maître Prigent Pluvigner, licencié en droit, avocat près la Cour ecclésiastique de Vannes, dépose qu'étudiant à Angers, il assista un mois durant aux prédications de Maître Vincent, admira son éloquence lumineuse et ardente, son zèle à instruire le peuple, à extirper les vices, à multiplier les œuvres de miséricorde et de charité. Les foules se pressaient avides de l'entendre ; et nul ennui, nulle fatigue ne se fit jamais sentir. Il put le constater personnellement, et chacun autour de lui le répétait à l'envi. Il remarqua que les grandes dames dont l'attitude avait été jusque-là fière et provocante, puisèrent dans les exhortations du saint des goûts de modestie et de piété qui en firent d'admirables femmes chrétiennes, telles qu'on en voit tant aujourd'hui encore, unissant au charme de la distinction les vertus les plus délicates, et parfois les plus héroïques dévouements. »

D'Angers, après avoir pris le temps d'y mettre vigoureusement l'empreinte sacrée, l'apôtre se rendit à Nantes par la Loire. Il aborda le mardi 8 février 1418. Les témoins ont vu l'évêque Henri le Barbu, le Chapitre, la noblesse et le peuple rangés le long des berges du fleuve, pendant que le bateau béni qui portait l'homme de Dieu évoluait lentement. Solennellement et en un cortège qui eût fait l'honneur à un roi, on l'amena au couvent de son Ordre. Dès le lendemain mercredi des cendres, il prêcha sur la place qui s'étend devant la cathédrale; mais, malgré l'étendue de cette place qui est encore immense, il fallut chercher un champ plus vaste, et ce fut au cimetière de Saint-Nicolas qu'il prêcha les jours suivants. Les attestations officielles portent à 70.000 le nombre des auditeurs.

Ici d'ailleurs tout recommence ou plutôt tout s'accroît : les foules enthousiastes, le don des langues, les miracles : des aveugles, des lépreux, des infirmes de toute sorte guéris d'un geste ou d'un mot.

Le dominicain Jean Mahé, qui avait fait partie du cortège, ne manqua pas de regarder ce Frère que tous les peuples se disputaient depuis vingt ans : « La femme d'un officier tourangeau, raconte-t-il, complètement aveugle, se présenta au couvent où logeait le saint, le suppliant de lui rendre la lumière. J'étais là quand, signant trois fois les yeux sans regard, il dit avec l'accent de foi qui fait les thaumaturges : « Que Jésus vous rende la lumière ! » Aussitôt la vue revint; et la dame toute joyeuse se mit à désigner une à une les personnes présentes et la couleur de leurs vêtements. »

Et Jean Mahé remarqua un autre prodige que Dieu faisait en faveur du thaumaturge lui-même, c'était la puissance de sa voix et l'ardeur de ses prédications.

Le Nantais Eudes David fit la même remarque, ou plutôt tous la faisaient : « Pour monter par l'estrade où il célébrait la messe, dit ce dernier, il fallait l'aider et le soutenir, mais dans l'accomplissement des saints mystères et la prédication, il paraissait souple, agile et fort comme un homme de quarante ans. »

Et que prêchait-il, cet apôtre européen ! — Oh ! mes chers Bretons, ce n'était pas une mystique bien relevée. Eudes David le dit avec une touchante naïveté, et bien d'autres le rediront avec la même franchise : « Il apprenait au peuple à faire le signe de la croix, lui enseignait les dogmes catholiques, et le symbole des Apôtres. Pauvres chers Bretons, devenus grâce à lui le peuple chrétien par excellence !

Ce Nantais, qui était libre et jeune, avait vu des choses trop merveilleuses pour s'en priver. Il ne se contenta point des douze jours que l'apôtre passa cette fois à Nantes, mais le suivit à Vannes, à Tréguier, à Saint-Brieuc, à Saint-Malo, à Dol, à Redon et dans plusieurs autres villes du duché de Bretagne.

On aimerait à retrouver intact ce couvent des Jacobins de Nantes où Jean Mahé contempla saint Vincent Ferrier, et ce cimetière de Saint-Nicolas où 70.000 personnes écoutèrent la voix du grand prédicateur. On aimerait au moins à retrouver les Actes contemporains dans lesquels étaient consignés les récits de ces merveilles : hélas ! ce mélange de bêtise et de férocité qui s'appelle la Révolution a passé par là. Ces fameux prôneurs de progrès instituèrent à Nantes même une commission pour rechercher et détruire les archives des couvents, des collégiales, des châteaux, des paroisses, afin de pouvoir mentir tout à leur aise. Si l'ancien régime était si odieux, il y avait un moyen bien simple de le prouver, c'était d'en exhiber la documentation authentique : or il arrive que ce qui a pu échapper à ce vandalisme sauvage, loyalement étudié, inspire un respect étrange que les déclamations intéressées, les insolences et les calomnies modernes ne parviennent pas à couvrir. Et la comparaison n'est certes pas heureuse pour les novateurs.

Un souvenir consolant surnage pourtant au-dessus de ces vilenies, celui d'une âme plus noble encore du côté du ciel que du côté de la terre, la Bienheureuse Françoise d'Amboise, élève de Jeanne de France, duchesse de Bretagne, qui de ses mains royales ensevelit Vincent Ferrier. Mariée à Pierre II duc de Bretagne, elle garda comme le plus précieux trésor les enseignements de saint Vincent Ferrier transmis par sa noble maîtresse et prit une part active à sa canonisation. Elle fonda le Carmel des Coëts à Nantes, devenu depuis le petit séminaire, et lui légua les précieuses reliques que son zèle et sa piété avaient méritées du légat apostolique Alain de Coëtivy, qui vint à Vannes inaugurer le culte du nouveau saint (1).

Nous ne pouvons quitter Nantes sans saluer la mémoire de M. Ollier fondateur du séminaire et de la Compagie de Sainte-Sulpice. Il nous a laissé le récit écrit de sa main

---

(1) Ces reliques, on peut encore les vénérer au couvent de la Grande-Providence où elles furent portées après la Révolution par Mᵐᵉ de la Salmonière dernière Prieure du Carmel des Coëts. Mᵍʳ Jacquemet, évêque de Nantes, les reconnut et les déclara authentiques par acte officiel du 2 avril 1867. Elles consistent en un bonnet de laine noire que portait habituellement le saint selon l'usage du temps, en sa ceinture de cuir, un fragment de mouchoir et un chapelet de bois donné par Vincent Ferrier lui-même, dit-on, à la duchesse Jeanne.

d'une révélation très circonstanciée et dont le favorisa saint Vincent Ferrier, et d'où résulta l'érection du séminaire de Nantes. Il y est dit expressément que Dieu a mis la Bretagne sous la protection de ce grand saint. Rien de surprenant s'il est spécialement honoré au séminaire à Nantes.

CHAPITRE XVIII

Parti de Nantes pour se rendre à Redon le 19 février, saint Vincent a pu prendre la route de Savenay ou celle de Blain. Aucun témoin ne nous fixe à ce sujet. Il y avait alors deux sortes de routes : les voies romaines courant toujours sur les hauteurs, et les chemins des saulniers. Les unes n'allaient guère à ce conquérant pacifique des âmes ; les autres ne pénétraient pas assez avant dans les terres. Or, il voulait aller partout. J'aime mieux croire qu'il suivait tout simplement ces sentiers si poétiques de la Bretagne où l'on passe dans le champ quand la route est trop boueuse, et nul n'y trouve à redire, parce que l'esprit chrétien est large et charitable, et que le propriétaire juif, formaliste et dur, est inconnu dans ce cher pays. L'apôtre s'en allait le soir, précédé de sa compagnie qui priait ou chantait, pendant que lui sur son vieil âne méditait les vérités éternelles, au sein de cette nature mélancolique toujours, mais qui avait alors tout le charme des pays méridionaux.

Quoi qu'il en soit, la première étape connue est Fégréac.

Fégréac est situé sur une hauteur où passe la grande route qui va de Redon à La Roche-Bernard. On y compte 1.800 communiants. — C'est ainsi que l'on compte dans ce cher pays du bon Dieu. — C'est presque une ville et

qui remonte haut : dès le XIIe siècle Fégréac occupe l'Histoire comme possession de l'Eglise de Nantes. Unie à Rieux par le pont des Flandres, Fégréac était pays de culture. Rieux, pays de commerce, avait alors une grande importance que témoignent de nombreuses et imposantes ruines. Faut-il croire la légende racontée par l'abbé Guillotin de Corson ? — « Qui n'a entendu parler de cet enfant abor-
« dant presque nu sur le rivage de Redon ? Les laveuses
« de Rieux, grande ville alors, avaient repoussé le pauvre
« petit, les femmes de Redon le recueillirent pleines de
« charité. Ce petit enfant était le Sauveur. Il récompensa
« les charitables habitants de Redon en leur promettant
« que sa bénédiction toute spéciale s'étendrait sur leur
« ville qui prospérerait de plus en plus, à mesure que
« Rieux déclinerait, en punition de sa dureté. »

Ce qui n'est pas légende, mais la plus véridique histoire, c'est que saint Vincent trouva des âmes bien disposées à Fégréac et qu'il y implanta les plus solides vertus. Il n'y a pas encore bien longtemps, deux ans à peine, l'évêque de Nantes, visitant ces parages, le curé put lui dire : « Bénissez, Monseigneur, cette paroisse où il n'y a jamais eu de traîtres ». En effet, durant la Terreur, l'abbé Orain, enfant du pays, ne cessa pas d'excercer le saint ministère. Sa tête avait été mise à prix ; mais malgré les menaces, les épreuves qu'ils eurent à souffrir, malgré les chacals qui arrivaient chaque jour de Blain, de Savenay, de Redon, furetant partout, pas un des habitants ne révéla sa retraite. Il est mort en odeur de sainteté curé de Selval.

Les gas de Fégréac sont dignes de leurs ancêtres, car au moindre appel, ou les a vus partir au nombre de plusieurs centaines, pour aller travailler au calvaire du Père Montfort à Pontchâteau, en dépit des six à huit lieues qu'ils ont à faire leurs outils sur l'épaule.

Il est vrai que saint Vincent n'était pas seulement un prédicateur de premier ordre, mais un homme extraordinaire que Dieu investit à discrétion de la puissance des miracles. On en parla longtemps à la veillée dans les chaumières bretonnes.

Pierre Jolis de Fégréac raconta aux enquêteurs envoyés de Rome pour la canonisation de Maître Vincent, « comment son père lui présenta un jour, après le sermon, un sien voisin, nommé Perrinet Perrault, sourd comme une pioche depuis six ans, afin qu'il le guérît. Le saint homme ne se fit point prier ; il toucha doucement la tête et les oreilles du susdit Perrinet en récitant une prière, puis le bénit d'un signe de croix. Et aussitôt il entendit comme il n'avait jamais entendu. Et cela, dit naïvement l'honnête témoin, fut réputé miracle. » — Au surplus il avait raison de le faire remarquer, car ce genre de faits devenait si commun qu'on n'y prenait plus garde.

Pour accomplir la promesse du petit Jésus, saint Convoïon avait fondé à Redon un monastère de Bénédictins, sous la dénomination de Saint-Sauveur. Tout à l'entour les maisons se multiplièrent, car c'était l'abri en temps de guerre, le secours en temps de disette. Et Redon, qui n'était qu'un hameau insignifiant, devint peu à peu une ville d'importance respectable. C'est l'histoire des trois quarts des villes de France.

Au temps où saint Vincent prêchait à Redon, le monastère était dans toute sa splendeur, au temporel s'entend, car même là, au spirituel, il y avait bien quelques misères : « Yves Le Sénéchal, abbé de Saint-Sauveur de Redon, dépose qu'il y a vu et entendu Maître Vincent Ferrier au monastère même, où il avait reçu l'hospitalité. Il prêcha huit jours durant ; et tous, peuple, clergé, moines assistaient avidement à ses sermons. Il fit aussi des conférences spéciales aux religieux sur les devoirs de leur état. Or l'un d'eux, appelé Pierre Le Boutouiller, menait une vie tellement relâchée que c'en était scandaleux. Et comme il était constitué en dignité, nul n'osait le reprendre. A peine eut-il entendu Maître Vincent qu'il changea complètement de conduite. — Il pleurait ses fautes tout le long du jour ; il voulait suivre le saint prédicateur, et par conséquent renoncer à sa charge. mais l'Abbé ne le permit pas.

« Et bien d'autres, de tous états, reconnurent leurs torts et vécurent dans la suite avec une rectitude de mœurs exemplaire.

« Et chaque jour, une foule d'infirmes et de malades accouraient ou étaient portés à Maître Vincent, qui leur imposait les mains, les bénissait en les signant du signe de la croix, et *aussitôt ils étaient guéris*, et rendaient grâce à Dieu et à son serviteur.

Le monastère de saint Convoïon est encore là, transformé en collège libre où les Eudistes ont continué l'œuvre de Vincent Ferrier. L'église et sa tour monumentale attirent l'attention des voyageurs. — Et il en est ainsi partout. Si dans nos villes, on faisait disparaître ce qui nous vient du moyen-âge, et notamment les monuments religieux, il ne resterait plus que des toits et des cheminées, le plat et le vulgaire.

« Jean Hoarmen, paroissien de Sulniac, a entendu Maître Vincent à Questembert, puis à Theix. Le vénérable Père en Dieu, Yves du Marcheix, Abbé du monastère de Lanvaulx, l'a également entendu à Questembert. Il avait été envoyé exprès par son supérieur hiérarchique Jean Rodolphe, abbé de N.-D. de Prières. L'apôtre lui parut octogénaire, mais sa prédication était jeune. Il en avait retenu le thème après trente-cinq ans : *Celui qui boira de cette eau, n'aura plus soif.* » Il l'entendit l'année suivante au monastère de Prières : et nous retrouverons son témoignage.

A Questembert comme ailleurs, les témoins font mention expresse d'une estrade élevée en plein air pour le prédicateur, même quand il ne devait prêcher qu'une seule fois. Il était entendu depuis des années qu'aucun temple ou espace couvert ne poûvait contenir les foules sans cesse renouvelées. Reste à savoir à Questembert où cette estrade avait été dressée. L'emplacement actuel des halles était jadis un cimetière assez vaste, et l'estrade pouvait être adossée à l'église ; mais le cimetière actuel en pente, dominé par une vieille croix qui date, dit-on, des Normands, me paraît avoir eu la préférence, à cause de l'amphithéâtre immense qu'il présentait. Le culte de l'apôtre à Questembert est représenté par le vitrail à gauche de l'autel, et par sa statue sur l'autel même. Dans la paroisse il existe deux chapelles de secours, Bréardec et Saint-Oué ; toutes deux ont une statue de saint Vincent, et la dernière l'honore comme son patron.

Il ne s'arrêta qu'un jour à Questembert, le 6 mars 1418, mais l'impression fut profonde, car un autre témoin, Olivier Denoual, frappé plus tard d'un malheur de famille, se souvint de ce prédicateur et thaumaturge sans pareil, et l'invoqua, non sans succès naturellement.

De Questembert à Vannes, il y eut une dernière étape qui fut Theix, d'un jour également. On peut se rendre compte par la distance qui sépare Questembert de Theix, de la vie que menait ce vieux moine septuagénaire, chantant tous les jours la messe, et prêchant au moins trois heures, sans prendre de réfection, quelquefois prêchant deux fois le jour, puis chevauchant sur son vieil âne et se rendant avant tout repos à un nouveau champ de travail. Cette réflexion fut faite par un témoin qui, l'entendant deux jours de suite dans deux endroits différents, demanda s'il faisait ainsi tous les jours : on lui répondit que c'était sa coutume depuis vingt ans.

On remarqua également que, partout, le temps de son séjour était absolument férié comme les plus grandes solennités. Tout travail, toute préoccupation d'affaires étaient interrompus: Theix sur la route de Nantes était très passager. La chapelle dédiée à N.-D. la Blanche est du XIIIᵉ siècle, elle a vu par conséquent Vincent Ferrier. On sait, et le souvenir ici est très vivant, qu'il prêcha sur la *Butte*, sorte de monticule en dos d'âne semé de roches inégales, admirablement propres au discours en plein air. Les autres fois qu'il s'arrêta à Theix, car il s'y arrêta plusieurs fois, il prêcha, dit-on, sur un autre monticule qu'on appelle la Butte du Moustoir.

CHAPITRE XIX

Le voilà enfin sur la route de Vannes, le 5 mars 1418,
selon l'affirmation formelle de Michelle Macéot qui l'entendit à Theix : c'était le samedi avant le dimanche du *Læ-
tare*, IVe de Carême.

Quand on sut qu'il approchait, l'évêque et le duc de
Bretagne, le Chapitre, tout le clergé, les nobles et le
peuple s'organisèrent en procession et allèrent au-devant
de lui jusqu'à la chapelle Saint-Laurent, où se trouvait
l'une des résidences ducales.

L'historien n'invente rien ici ; il n'a qu'à suivre les dépositions des témoins au procès de canonisation (1).

Tout le monde connaît à Vannes la chapelle Saint-Laurent, située à trois kilomètres. Cachée derrière un massif
d'arbres, elle sert aux dévotions d'un petit hameau. Bâtie
en granit, d'un gothique assez simple, elle n'a, et c'est
regrettable, aucun souvenir de saint Vincent. Sa statue
serait pourtant là, ce semble, bien à sa place, faisant pendant à saint Laurent. A quelques pas de la chapelle, un
très beau calvaire un peu mutilé a dû voir Vincent Ferrier.
Sur la grande route, à droite en allant vers Vannes, une
croix de granit, monolithe, haute, fruste, sans ornement,

---

(1) En ce qui concerne l'entrée de saint Vincent à Vannes, nous
avons entre autres le très intéressant récit d'Yves Le Gluidic, archiprêtre de l'Eglise de Vannes et recteur de Naizin. Il était de la fête,

solide, défiant les âges, pourrait bien marquer l'endroit précis de la rencontre.

On entendit d'abord comme une plainte lointaine, mêlée au bruit sourd d'une multitude en marche ; les compagnons du saint le suivaient toujours, pieds nus, en psalmodiant.

Bientôt apparut, au fond du vallon, un homme chétif, monté sur une ânesse, la tête revêtue d'une calotte de drap : c'était lui le faiseur de miracles, le convertisseur des foules ! Un grand silence se fit aussitôt, l'émotion saisit la foule, tant il y avait de grandeur cachée sous cette austère simplicité. En abordant le cortège, il demanda sa bénédiction à l'évêque, adressa quelques paroles à la duchesse et au duc qui l'avaient appelé en Bretagne, — et la procession se mit en marche.

Maître Vincent, n'ayant même pas l'air de remarquer qu'il était l'objet de la curiosité de la foule, les yeux baissés priait, absorbé dans une profonde méditation.

Tout à coup, comme on approchait des remparts, le cortège se trouva encombré à droite et à gauche d'infirmes et de malades.

Le lecteur qui connaît les anciens pardons de Bretagne, Folgoat, Guingamp ou Sainte-Anne d'Auray par exemple, qui a vu cette collection de miséreux rangés le long des chemins, étalant leurs plaies, leurs moignons sanglants, celui-là peut se refaire la scène qui se passa à Vannes lors de l'entrée de Maître Vincent. En dedans des portes, à mesure que le cortège avançait, les estropiés, les manchots, les aveugles, les culs de jatte se précipitaient à qui mieux mieux pour que le thaumaturge les touchât, car depuis longtemps on savait que Dieu ne lui refusait aucun miracle.

Devant tant de misères physiques, qui n'étaient, hélas ! que le symbole des misères morales auxquelles il venait remédier, il s'émeut visiblement, et lève la main pour bénir. Spectacle merveilleux, que l'on n'avait pas vu depuis les temps évangéliques : à mesure que le saint passe, ce peuple déguenillé, levant au ciel des bras libres et des yeux purifiés, prend sa place parmi la foule enthousiasmée, en remerciant Dieu à pleine voix. — Il n'y a pas beaucoup de moments semblables dans l'histoire humaine.

Un témoin de la scène, devenu plus tard évêque, a noté ce fait dans sa déposition : « Parmi les infirmes immobiles sur une paillasse se trouvait un homme nommé Lepen, malade et perclus depuis dix-huit ans. Il aurait bien voulu approcher lui aussi, ou du moins attirer sur sa personne l'attention du grand saint. Mais la foule était si bruyante ! Et comment aurait-on pu apercevoir un homme couché par terre, au milieu de tant de gens qui se haussaient eux-mêmes pour voir les miracles !... En désespoir de cause, il se mit à crier de toutes ses forces : « O serviteur et ami de Dieu, daignez m'écouter. » Et il ne cessait de répéter : « Ayez pitié de moi, grand serviteur de Dieu. » Maître Vincent, ému de compassion, s'approcha, et lui dit : « Je n'ai ni or, ni argent, mais ce que Dieu m'a donné vous l'aurez. Au nom de Jésus-Christ, levez-vous et retournez dans votre maison. » Il lui imposa les mains avec sa formule accoutumée. Aussitôt l'infirme se leva, radicalement guéri. Et le saint s'écria les yeux pleins de larmes : « A vous, Seigneur, et à votre saint Nom toute gloire et tout honneur. » Et le miraculé put à peine s'ouvrir un passage à travers la foule enthousiasmée (1).

Malgré les offres du duc et de l'évêque, et sans doute aussi des religieux et du clergé, le saint préféra l'hospita-

(1) Il y a, dans la cathédrale (chapelle du tombeau), un vieux tableau qui représente ce miracle.

lité d'un honnête bourgeois, Robin Lescarv, dont la maison était située entre le couvent des Franciscains et la place des Lices où il devait prêcher.

Or Alain de Cressoles, citoyen vannetais, a vu de nombreux infirmes aller à la maison de Robin Lescarv, notamment un homme de la noblesse, Silvestre Lorvejoux, qui l'assurèrent ensuite avoir été *incontinent* guéris par la bénédiction du saint.

Jean Bernier raconte que sa « femme Perrine, atteinte depuis plus de trois mois d'une grave infirmité, fut présentée par lui à Maître Vincent dans la maison où il logeait ; que l'apôtre lui mit la main sur la tête en invoquant le nom de Jésus et qu'aussitôt la santé lui revint sans rechute ».

Jean le Métayer, de Calmont près de Vannes, grièvement blessé dans la guerre contre les Anglais, au point qu'il avait une côte brisée et ne pouvait que très difficilement se mouvoir, se traîna comme il put jusqu'à la maison Lescarv ; grâce aux bons offices des compagnons de Maître Vincent, il ne tarda pas à lui être présenté. « Il me mit, dit-il, la main gauche sur le côté, regarda le ciel en récitant une prière que je ne compris pas, fit sur moi le signe de la croix ; je fus aussitôt complètement guéri, et jamais mon mal n'a reparu. »

« Laurent Lespaignol, paroissien de Saint-Pierre de Vannes, présenta au saint sa mère qui depuis vingt ans souffrait chaque mois de violentes migraines qui lui duraient dix jours entiers, et qu'aucun remède n'avait pu guérir. Le saint lui toucha la tête avec un signe de croix, et jamais depuis, durant les vingt ans qu'elle vécut encore, elle ne ressentit de douleurs. »

De concert l'évêque et le duc avaient fait préparer sur la place des Lices une solide et haute estrade, que l'on décora de larges tentures de différentes couleurs. Un autel fut érigé sur la plate-forme ; et dès la première heure une foule immense commença à envahir la place.

Un peu après 7 heures, un remous se fit sentir dans la foule, tous les regards se tournèrent du même côté ; et bientôt l'on vit paraître un pauvre vieillard, débile, chauve, marchant péniblement à l'aide d'un bâton ; il fallut deux hommes pour l'aider à monter sur l'estrade ; il faisait peine à voir. « Il a bien 80 ans ! » murmura une femme : — « Dites plutôt 90 ! » répliqua son voisin.

Cependant le vieillard, une fois hissé au sommet de l'échafaudage, se redresse, et se détourne, et regarde. D'un geste souverain il indique à l'assemblée que les femmes doivent se séparer des hommes. Et, durant quelques minutes, ce fut une allée et venue d'hommes et de femmes qui se rangeaient sur la place, pour obéir au commandement du saint, cependant qu'un jeune clerc circulait de tout côté pour recueillir les enfants et les amener tous avec lui.

La messe commence. Les chantres ne manquent pas dans le cortège de Maître Vincent. Il est assisté à l'autel par les Dominicains ses frères. La foule, un peu houleuse tout à l'heure, se calme peu à peu.

Il entonne la préface ; on sait combien cette mélodie est expressive et majestueuse. La voix du célébrant, faible au début, s'échauffe et grossit, sans dénoter la moindre fatigue ; elle remplit toute la place ; un silence religieux plane sur l'assemblée.

Au bas des Lices, se dressait en ce temps-là la façade imposante du château de l'Hermine ; et toute la Cour, massée aux fenêtres, assistait à la cérémonie.

La messe terminée, le missionnaire, après une inclination profonde en guise d'action de grâces, s'approche du bord de l'estrade ; il va parler. Il annonce qu'il apporte à la Bretagne les dernières miettes de la nourriture divine qu'il avait reçu mission de distribuer au monde : « Recueillez ces miettes, dit-il, et ne les laissez pas perdre ! »

Or, à mesure qu'il parle, on dirait que sa taille se hausse et que sa vigueur s'accroît ; son geste devient plus ample, et sa physionomie se rajeunit, à tel point que les personnes qui lui supposaient tout à l'heure 90 ans, lui en donnent maintenant à peine 3o. C'est une métamorphose. Aux extrémités de la place et dans les rues avoisinantes, les auditeurs accourus de 3 à 4 lieues à la ronde, suivaient son discours comme s'ils avaient été placés au pied de la tribune.

Tout le monde l'entendait, et tout le monde le comprenait.

En quelle langue parlait-il ? Les bourgeois de Vannes croyaient qu'il parlait français ; les campagnards bretonnants, qui formaient peut-être la majorité de l'auditoire, pensaient qu'il parlait breton. Les uns et les autres débitaient en s'en allant des tirades qu'ils avaient retenues de son discours.

En réalité, le saint s'exprimait uniquement dans sa langue maternelle, en catalan.

Le sermon fut long, il dura plus de deux heures. Enfin, comme midi approchait, maître Vincent s'arrête ; et, après avoir fait un salut à la croix de l'autel, il s'apprête à descendre.

Mais, nouvelle transformation, on dirait que le prestige de sa personne s'est évanoui avec les derniers accents de sa voix ; et le voici redevenu le vieillard de tout à l'heure : deux hommes le prennent sous les aisselles pour l'aider à descendre.

Cependant la foule s'écarte avec respect sur son passage : tous les regards se fixent sur ce vieillard débile qui s'avance avec peine et d'un pas tremblant. Du reste rien de morose dans sa physionomie : il sourit, il salue, avenant et aimable.

Quand il arrive à la demeure de son hôte, la cour de la maison était déjà pleine d'infirmes : ne tenant aucun compte de la fatigue, ni du besoin qu'il avait de s'asseoir et de manger (il était à jeun, et il avait prêché deux heures durant), il s'arrête à chacun de ces malades, il touche leurs plaies avec un signe de croix, en disant « De la part de Jésus ! », et il les guérit.

La mission se prolongea, avec ce programme chaque jour renouvelé, pendant trois semaines, jusqu'au lundi de Pâques.

Souvent il pleuvait, parfois il neigeait ; les giboulées de mars sont redoutées en Bretagne, mais toujours, en dépit du vent, de la pluie ou du froid, la prédication durait plus de deux heures ; et personne ne s'en allait ; il faut ajouter du reste que les témoins déclarent tous n'avoir jamais éprouvé ni fatigue ni gêne.

La voix du saint était parfois terrible, effrayante (disent-ils), quand il parlait du péché, des peines de l'enfer..... Mais la même voix se faisait douce, caressante, presque chantante, quand il s'agissait du ciel, de Jésus et de la très sainte Vierge.

Les tribunaux vaquèrent et les magasins demeurèrent fermés tant que dura la mission : assister aux sermons, se confesser, mettre ordre à ses affaires spirituelles, réparer les injustices commises, faire pénitence, était l'unique souci de tous les habitants.

Les trois plaies de Vannes (disent encore les témoins) étaient, avec l'ignorance religieuse, le blaphème, l'adultère et le parjure : en haut comme en bas, dans tous les rangs de la société. Le passage du saint fit une telle impression que l'âme vannetaise en fut radicalement transformée ; et depuis cinq cents ans nous vivons de la vie surnaturelle intense qu'il a communiquée à nos ancêtres. Tout le monde profita de ses enseignements, chacun réforma ses mœurs.

Les gens notables, jusque-là « chrétiens à gros grains » suivant l'expression d'un témoin, devinrent chrétiens édifiants. Les femmes quittèrent ces « cornes » bizarres et tapageuses qu'elles portaient en guise de coiffure. Les foires, les marchés ne se tinrent plus ni les dimanches ni les jours de fêtes, ni surtout dans les églises comme auparavant.

Quant aux enfants, il eut pour eux des délicatesses charmantes.

Un jeune clerc de sa suite prenait les enfants à l'écart, pendant la cérémonie, qui eût été trop longue pour eux (1), et il les catéchisait. Il leur apprit « *Notre Père, Je vous salue Marie, Je crois en Dieu, Je confesse à Dieu* » ; il les dressa à bien faire le signe de la croix, et la génuflexion devant le Saint-Sacrement ; et au bout de quelques jours, pendant la grand'messe, quand la Sainte Hostie élevée par les mains de Maître Vincent se dressait au-dessus de la foule agenouillée, on entendait une clameur enfantine qui partait tout à coup d'un angle de la place pour saluer le Dieu de l'Eucharistie : « Nous vous adorons, ô Jésus, et nous vous rendons grâces ». C'était l'adoration spontanée des petits enfants.

Plusieurs de ces enfants ont déposé plus tard comme témoins dans les procès de canonisation.

Le mardi de Pâques, sa mission finie, il quitta la ville,

---

(1) L'histoire de ce jeune clerc est touchante. Dans une minute de vertige il avait vendu son âme au diable. Maître Vincent obligea l'ennemi à rendre le contrat. L'heureux délivré suivit depuis jusqu'à sa mort son libérateur ; il ne le perdait pour ainsi dire pas de vue par crainte de son vindicatif partenaire.

monté, comme Jésus, sur une humble bête de somme ; et il recommença la course apostolique qu'il devait, l'année suivante, venir achever définitivement à Vannes.

« Recueillez ce qui reste. » Ce fut sa recommandation : qu'on l'entende encore ! Quand il prononça ces paroles à Vannes, ce qui restait du festin qui avait redonné la vie au monde, a suffi pour faire un peuple le plus religieux de tous jusqu'à ce jour, c'est-à-dire le plus noble et le plus vaillant. Que tout ce qui reste de ce grand homme soit entouré d'honneur. Son culte restauré sera de nouveau l'agent le plus actif de vie et de gloire immortelle.

CHAPITRE XX

Il quitta Vannes le mardi de Pâques 29 mars 1418, pour évangéliser le reste de la Bretagne. Il avait encore juste un an à vivre.

Suivons-le donc autant que possible à travers ce beau pays, où tout était à faire, où son passage a laissé tout si vivant, et si fécond en grandes œuvres.

Il s'arrêta pour la seconde fois à Theix, et prêcha comme nous l'avons dit, sur la Butte du Moustoir. Les témoignages le font aller de Theix à Josselin sans indiquer les étapes intermédiaires.

« Guillaume Connanou, damoiseau, de la paroisse d'Elven, a entendu Maître Vincent à Josselin, puis à Ploërmel, en tout quinze jours. Jeune alors, il était de ceux à qui le clerc séculier apprenait pendant la messe le *Pater*, l'*Ave*, le *Credo*, le signe de la croix, à invoquer le nom de Jésus et à fléchir le genou à ce saint Nom. Il ne voulait pas perdre néanmoins les grands sermons, et se souvient que Maître Vincent répéta son texte de Vannes : « Recueillez ce qui reste ? » Et il sait très bien qu'après l'Office beaucoup de malades allèrent lui demander la guérison ; qu'il en a vu de ses yeux beaucoup de guéris, et entendu dire aussi que beaucoup d'autres avaient recouvré subitement la santé. »

« Alain Philipot, prêtre, recteur de Lantillac, a vu Maître

Vincent prêcher huit jours à Josselin ; et tout Josselin et les paroisses voisines à quatre lieues à la ronde assistaient à ses sermons que chacun se plaisait à louer. Les populations s'amendèrent totalement. Ceux qui avaient coutume de blasphémer et de commettre d'autres péchés, s'en abstinrent à partir de ce moment-là. »

Gilles Maletaille était alors serviteur du vicomte de Rohan (Allain VIII). Il a vu lui aussi Maître Vincent prêcher du haut de l'estrade préparée comme partout. Le vicomte y assistait, et ce fut à sa prière que Maître Vincent, qui ne devait séjourner à Josselin que trois jours, y resta la semaine entière. « Sa prédication, dit-il, était solennelle ; son maintien grave et viril ; il avait tout l'extérieur d'un homme plein de la grâce et de la vertu de l'Esprit-Saint. Il était logé au prieuré bénédictin de Saint-Martin. Le Prieur et les moines, qui avaient peut-être plus à profiter que les autres, voulurent s'édifier de la vie intime du saint. Ils pratiquèrent des judas à la porte de sa chambre, et virent qu'il ne dormait pas dans le lit, qu'il veillait une grande partie de la nuit ; et la chambre paraissait toute illuminée, bien qu'il n'y eut ni feu, ni lumière. A la demande du Prieur, le vicomte envoya deux de ses gens pour être témoins des mêmes faits : l'un d'eux fut Alain de Saint-Louennec ; le témoin ne se rappelle pas le nom de l'autre. Ils rapportèrent fidèlement ce qu'ils avaient vu eux aussi. Et il n'était bruit dans tout Josselin que de ces choses merveilleuses. Aussi toute la ville accompagna-t-elle le saint apôtre en procession jusqu'à une distance considérable, quand il se dirigea vers Ploërmel (1).

____

(1) On peut encore voir à Josselin, en partie du moins, ce prieuré de Saint-Martin. Josselin est un des plus délicieux sites de la Bretagne qui en est si riche. Le château de Rohan princièrement tenu

Il prêcha huit jours à Ploërmel, et il quitta cette ville le 17 avril. Par Plélan et Mordelles qu'il évangélisa, vraisemblablement le 18 et le 19, il entra dans Rennes la grande capitale du duché de Bretagne.

Saint Vincent y trouvait ses Frères les Dominicains établis à Rennes depuis environ cinquante ans, sur la place Sainte-Anne, tout près de la vieille église Saint-Aubin, qui renfermait le grand trésor de la ville, l'image miraculeuse de N.-D. de Bonne Nouvelle.

Il fut facile au grand apôtre d'annoncer *la bonne Nouvelle*, sur cette place Sainte-Anne, aux 30.000 auditeurs que signalent les dépositions officielles.

Son entrée à Rennes avait été triomphale. Le Prévôt était allé lui offrir ce qu'on appelait les *Honneurs du Chapitre*. On n'honorait ainsi que les plus grands personnages. Outre sa réputation personnelle, Vincent Ferrier avait aux yeux des Rennais un prestige spécial. Nous en trouvons l'énoncé dans cette phrase de l'*Histoire de Rennes* : « Tou- « jours occupé de son rôle de médiateur, le duc Jean V fut « secondé par l'une des plus grandes célébrités du siècle, le « dominicain Vincent Ferrier qui remplit tout l'Occident de « ses prédications et vint terminer en Bretagne ses courses « apostoliques. » — Il ne s'agissait rien moins que de faire cesser la guerre si désastreuse entre l'Angleterre et la France, connue sous le nom de *Guerre de Cent ans*.

« Olivier Rouxel de Bréhant-Loudéac a entendu Maître Vincent prêchant à Rennes sur la paroisse Saint-Aubin ; bien qu'il n'assistât d'abord au sermon que « pour voir le monde », il fut bientôt pris au charme tout divin de cette parole et ne s'en lassa plus.

est admirable. L'église montre avec orgueil le tombeau d'Olivier de Clisson. Une vieille statue y représente le culte de saint Vincent Ferrier.

Sur les entrefaites un héraut du roi d'Angleterre vint prier l'apôtre, de la part de son maître, d'aller prêcher devant lui à sa cour qu'il tenait à Caën en Normandie, Maître Vincent accepta, ayant à cœur d'accomplir sa mission pacifique, lui dont c'était un des plus merveilleux dons de laisser partout où il passait le bienfait de la paix.

Il ne séjourna que trois jours à Rennes mais ce furent trois jours opulents de biens célestes dont la source ne devait plus tarir. Aux courtes missions il mettait, ou plutôt Dieu mettait par lui le sceau des œuvres définitives.

Appelé à exercer une pression de grande conséquence sur le roi d'Angleterre, il joignit à la parole un spectacle bien propre à frapper les esprits et dont le mystérieux enseignement s'étendait au loin. Telle paraît du moins avoir été son attention, car jamais il n'avait ainsi procédé.

Il y avait à Saint-Gilles, près de Saint-Lô en Normandie, un enfant nommé Guillaume de Villiers, atteint d'un mal étrange ; il était muet, et depuis plus de deux ans n'avait ni bu, ni mangé ; il était absolument insensible physiquement : plusieurs fois on le battit de verges jusqu'au sang. Il ne pleurait point et ne donnait aucun signe de douleur. Toutefois la sensibilité morale demeurait bien éveillée, car dès qu'on le contrariait, il entrait dans des accès de fureur qui faisaient jaillir le sang par le nez. Il continuait à grandir, ne maigrissait pas, et entendait tout ce qui se disait autour de lui. « J'étais dans cet état depuis
« sept ans, raconte le patient lui-même. Maître Vincent
« étant venu prêcher en Normandie, on me présenta à lui
« à Saint-Lô, mais il ne voulut rien faire en ma faveur, et
« commanda qu'on m'amenât à Caën où était le roi d'An-
« gleterre avec toute sa cour. Mes parents s'y décidèrent.
« En présence du roi, des seigneurs et de tout le peuple,
« Maître Vincent fit sur moi le signe de la croix. Je sentis

« comme une rupture de chaînes, ou comme si des esprits
« mauvais étaient sortis de moi, incontinent les fonctions
« normales de la vie me revinrent et je suis depuis lors en
« complète santé. Le saint expliqua que l'esprit du mal
« s'était emparé en effet de ce faible corps, mais que Dieu
« avait permis à un esprit bienfaisant de soutenir les
« forces de l'enfant, et de le faire croître : ce qui n'est
« autre, un instant visible aux yeux corporels, que l'action
« simultanée en nous des bons et des mauvais anges. »

L'apôtre accomplit auprès du roi d'Angleterre sa mission
pacifique. Il n'obtint qu'une trêve qui dura jusqu'au
23 mai 1419, mais c'était la possibilité de se reconnaître.
Du reste, lui qui avait les secrets de l'avenir ne s'effraya
pas de la situation critique où était notre pays : il savait
que le titre fastueux de « roi de France et d'Angleterre »
était une vantardise, et que jamais il ne serait donné aux
Anglais d'opprimer complètement la France. Il laissa ce
peuple à son rôle de justicier, c'est-à-dire, en somme, de
bourreau. L'Angleterre n'était plus l'île des saints, et déjà
elle était mûre pour Henri VIII.

Saint Vincent, après avoir évangélisé rapidement Bayeux,
Avranches, Coutances, rentra de nouveau en Bretagne.

Il n'est peut-être pas inutile de remarquer qu'un témoin,
Gilles Morelli, constata que toute cette multitude composée
d'Anglais et de gens de nations diverses, comprit parfaitement l'apôtre thaumaturge. Ce voyage fut trop rapide pour
laisser des traces autrement que dans les âmes. Toutefois
Vincent Ferrier a sa statue dans la belle cathédrale de Dol.

CHAPITRE XXI

Dinan. — Légende du Rosaire. — Les restes d'un beau Couvent. — Poignée de miracles. — Idylle touchante. — Cierges mortuaires. — Lamballe imite Josselin. — Récit d'un Briochin.

La ville de Saint-Malo et le bourg de Miniac, disent les témoins, obséquieux observateurs des nuances, entendirent le saint prédicateur que Dinan attendait. Dinan était ville dominicaine. Le premier couvent de l'ordre y avait été fondé du vivant même de saint Dominique et dans des circonstances merveilleuses.

Alain de Lanvallay était grand dévot au Rosaire. Se trouvant un jour avec un petit nombre de compagnons dans un mauvais pas, d'où toute sa bravoure ne pouvait le tirer, il eut recours à la Vierge Marie, laquelle jeta aussitôt, dit la légende, cent cinquante pierres contre les ennemis, ce qui les mit en fuite. Une autre fois, sur mer, son navire se brisa contre un rocher, et tout l'équipage allait infailliblement périr, lorsque cent cinquante petites îles surgirent au milieu des flots jusqu'à la terre. Les cent cinquante pierres et les cent cinquante îles correspondent évidemment aux cent cinquante grains du Rosaire. En d'autres termes il dut son salut à cette dévotion. En reconnaissance, il offrit un vaste terrain qu'il possédait à Dinan pour l'érection d'un couvent de Frères Prêcheurs que ses descendants, les Coëtquen et les Monterfil entre autres, se sont fait un honneur d'agrandir et de faire prospérer. Il était immense et admirablement placé, s'étendant jusqu'aux remparts d'où l'on a cette magnifique vue, que chacun sait, sur la vallée de la Rance. Les assemblées s'y tenaient le jour de Saint-Sébastien pour l'élection des autorités municipales. Plusieurs fois les Etats-Généraux de Bretagne s'y sont tenus également. Le cœur de Duguesclin était honoré dans l'église conventuelle. Dans la chapelle du Rosaire reposait Tiphaine Raguenel, épouse du même Duguesclin (1).

On se souvient qu'il avait été primitivement enterré dans l'église des Dominicains au Puy.

Mais l'église Saint-Sauveur, toute vaste qu'elle est encore, ne put suffire aux affluences croissantes. C'est sur la place *du Champ*, dont le centre, qui sert de promenade, s'appelle aujourd'hui place Duguesclin, que Vincent Ferrier prêcha le plus souvent. « Robert Juno, prêtre, a entendu Maître Vincent à Rennes, puis, charmé de sa doctrine, il l'a suivi à Dinan, à Jugon, à Lamballe, à Ploërmel, à Redon. Partout et chaque jour l'affluence des clercs tant séculiers que réguliers, des nobles, des bourgeois et du peuple, était énorme. A Dinan le duc Jean de Bretagne, l'évêque de Saint-Malo, Robert de la Motte, et grand nombre de personnes qualifiées assistaient empressées à ses sermons. On disait alors et on dit encore que ses prédications opéraient des fruits merveilleux. » — Mais est-ce bien vrai, demande-t-on, et comment le savez-vous? — C'est bien vrai, reprend le témoin sans se troubler, car des vices de toutes sortes régnaient universellement qui disparurent, et tout spécialement le crime de blasphémer et de renier Dieu qui était alors effroyablement commun. Et je sais très bien que beau-

(1) Cette église, comme tout le monastère d'ailleurs, a été affreusement défigurée ; rognée dans sa longueur, un vulgaire plancher en a fait deux étages à l'intérieur : en bas une halle, l'odeur du poisson pourri après les vapeurs parfumées de l'encens ; au-dessus un casino : pauvre vieille France ! — Rue de la Halle, on aperçoit encore une amorce de porte voûtée, c'était l'entrée du couvent.

coup de gens qui jusque-là ne savaient ni faire le signe de la croix, ni le *Pater*, ni le symbole, restèrent depuis parfaitement instruits de la Foi chrétienne. »

Thomas Le Fontenay, alors enfant de six ans, était affligé du terrible mal caduc. Il se présenta au couvent des Frères Prêcheurs où logeait le saint ; celui-ci le fit entrer dans sa cellule, pria un instant, le bénit et le renvoya guéri. De fait le mal ne reparut plus.

Une idylle touchante, en ce pays des mœurs simples et des fidèles amours, eut là son dénouement. Jeanne Le Moulnier devait bientôt convoler en justes noces, mais une paralysie malencontreuse arrêta tout. Le mal dura trois longs ans ; et l'on n'en voyait point venir la fin. Saint Vincent arriva sur ces entrefaites ; la pauvre malade se fit porter aux Jacobins... Elle revint à pied, guérie et alerte. Le fiancé avait su attendre ; ils s'épousèrent et eurent beaucoup d'enfants, comme disaient les vieux contes d'autrefois.

Guillaume de Liquillic, fils du magistrat qui avait été chargé de pourvoir aux besoins de Maître Vincent et de sa suite, raconta aux enquêteurs une anecdote dont le souvenir se conservait en famille. « Nous conservions à la « maison, dit-il, deux cierges qui avaient servi à la messe « de Maître Vincent. Ma mère les utilisaient parcimonieu- « sement pour la Chandeleur. Une année elle ne les trouva « pas, ne s'en inquiéta pas autrement, mais quelque « temps après, elle les vit allumés, sur le coffre de sa « chambre, sans qu'elle eût souvenance de les avoir re- « trouvés ni touchés. On apprit bientôt que ce jour-là « Maître Vincent avait payé son tribut à la mort. »

Les témoignages nous conduisent de Dinan à Jugon ; mais je ne crois pas qu'ils indiquent toutes les étapes : au vieux Saint-Jean de Monfort se rattachait, entre autres, le souvenir de saint Vincent Ferrier.

Jugon n'a rien conservé, Moncontour non plus, et c'est regrettable, car l'apôtre dut être attiré par le curieux et intéressant·pèlerinage de Saint-Maturin apôtre comme lui, bien que d'un autre genre. Rien, à Moncontour, ne remonte plus haut que la fin du XVe siècle, pas même les vitraux qui sont de purs chefs-d'œuvre de l'art verrier, inimitable ou du moins inimité. Je demande que l'apôtre de la Bretagne ait sa place d'honneur dans la basilique de Saint-Maturin, car Moncontour est nommé trois fois au procès de canonisation.

« Frère Geoffroy Bertrand, Prieur de Saint-Martin de « Josselin, a entendu Maître Vincent à Lamballe et à Saint-« Brieuc. Faible et débile en temps ordinaire, il était vigou-« reux et plein d'énergie quand il chantait la messe et « prêchait. Avant et après la messe, une foule de malades « venaient lui demander l'imposition des mains pour « être guéris de leurs maux. Le témoin en a vu un grand « nombre guéris ou sensiblement en meilleur état. Or la « multitude de ces infirmes était telle au-devant de ses « pas qu'il avait grand' peine à gagner l'estrade où il prê-« chait, et à revenir à son logis. » A Lamballe les indiscrétions de Josselin se reproduisirent, et l'on vit qu'il ne dormait pas dans le lit, et que la chambre était miraculeusement illuminée. « Je le tiens, dit le témoin, de ma parente qui lui donna l'hospitalité, et qui plusieurs fois renouvela l'expérience. » On peut, je crois, s'en rapporter à la curiosité de cette dame. Il prêcha trois jours à Lamballe.

Le *catalogue chronologique* des évêques de Saint-Brieuc nous met au courant de ce qui se passa dans cette ville lors de la venue de Vincent Ferrier.

Le style en est un peu suranné, j'abrège la narration :

« En mil quatre cent dix-huit, tous les évêques de

« Bretagne, et notamment l'évêque de Saint-Brieuc Jean
« de Malestroit, grand prédicateur lui-même, avaient
« entendu parler des talents à prêcher qu'avait le saint
« apôtre, qu'on nommait communément *l'apôtre des pro-*
« *vinces*, lequel après avoir parcouru presque toute l'Eu-
« rope vint heureusement jusque dans la ville de Saint-
« Brieuc, n'ayant pour tout équipage, qu'un pauvre ânon
« fort amaigri par les fatigues du chemin. Plusieurs per-
« sonnes de condition désirant voir et entendre prêcher le
« religieux qu'on nommait déjà Vincent, vinrent à Saint-
« Brieuc, où il devait passer quelques jours. Les évêques
« de Saint-Malo et de Tréguier, qui étaient les grands
« amis de l'évêque de Saint-Brieuc, arrivèrent deux heures
« après Vincent Ferrier, ce qui redoubla la joie de Jean de
« Malestroit qui les reçut très agréablement, et les retint
« pendant ces dix jours où ils entendirent prêcher saint
« Vincent avec une si grande onction qu'ils en furent
« charmés. Et comme tout le peuple et les enfants de
« Saint-Brieuc le suivaient partout, il demanda à l'évêque
« la permission de faire un jour de dimanche quelques
« instructions en forme de catéchisme à tout ce peuple et
« surtout aux enfants. L'évêque ravi de cette demande
« les lui confia ; il le pria de les interroger lui-même. En-
« fin il fit publier que, dimanche, le missionnaire ferait
« une instruction, conviant les pères et les mères, les
« maîtres et les maîtresses d'y envoyer leurs enfants et
« leurs domestiques. Les trois évêques lui dirent qu'ils
« souhaitaient d'être présents aux instructions qu'il vou-
« lait bien faire aux enfants. Le religieux, sans rien ré-
« pondre, s'inclina profondément devant les trois évêques.
« Et le lendemain les enfants assemblés en l'église avec une
« infinité de peuple, le saint religieux, vêpres finies, com-
« mença son discours qui fut trouvé si touchant par les

« évêques qui étaient dans les tribunes avec les personnes
« de condition, et par le peuple, que tout le monde en
« pleurait !... Il se ressouvint alors que l'évêque de Saint-
« Brieuc lui avait enjoint d'interroger quelques enfants.
« Tout d'un coup et sans l'inspiration de personne, les
« enfants, cessant de pleurer, lui demandèrent à être in-
« terrogés sur les articles de la Foi qu'il venait de leur
« prêcher. Quand il entendit les enfants lui demander ce
« que le prélat souhaitait, sans qu'il sût qu'ils avaient été
« instruits par leur évêque même, la joie de saint Vincent
« fut grande, mais encore plus grande quand il vit que les
« enfants lui répondaient si bien et si gentiment à toutes
« les demandes que les prélats et gens de condition en
« furent ravis, et résolurent de veiller à ce que le caté-
« chisme se fît encore plus régulièrement dans leur diocèse
« que par le passé.

« Enfin le jour du départ, les trois évêques allèrent de
« compagnie conduire le saint religieux à Lamballe et à
« Jugon où les évêques de Saint-Brieuc et de Tréguier le
« laissèrent entre les mains du prélat de Saint-Malo qui
« était Robert de la Motte, qui accompagna et prit dans
« son carrosse Vincent Ferrier jusqu'à la ville de Dinan.
« Y étant arrivés, le saint demanda en grâce d'aller cou-
« cher chez ses frères du couvent de Saint-Dominique où
« le prélat le conduisit, avec ordre au Prieur de ne pas le
« laisser partir sans sa permission. Aussi fut-il retenu
« huit jours, pendant lesquels il prêcha dans une grande
« place qu'on nomme actuellement *le Champ de Dinan*.
« Et, les huit jours passés, l'évêque de Saint-Malo prit
« congé du saint religieux et le mit entre les mains de l'é-
« vêque de Dol, nommé Etienne Couëvret qui avait été
« évêque de Saint-Brieuc. »

On a pu remarquer combien ces enfants étaient fiers

d'être interrogés par lui. Leur science faisait évidemment contraste avec l'ignorance générale.

Ce récit qui est de 1726 a été manifestement composé sur des relations contemporaines. Il prend à rebours l'itinéraire du saint tel que nous l'avons indiqué d'après les témoignages, en faisant observer toutefois qu'ils sont bien incomplets à ce point de vue. Il est certain d'autre part que Vincent Ferrier est venu deux fois à Saint-Brieuc et que, l'une ou l'autre de ces deux fois, il a suivi l'itinéraire tracé ici.

CHAPITRE XXII

A partir de Saint-Brieuc, il est difficile de s'orienter à la suite de l'apôtre. Albert Legrand, dans la *Vie des Saints de la Bretagne*, énumère une série de villes qui forment trois groupes distincts : une ligne centrale comprend Pontivy, Guémené, Rostrenen, Carhaix ; une ligne méridionale enfile Auray, Hennebont, Quimperlé, Concarneau, Pont-l'Abbé et Quimper ; enfin une ligne septentrionale traverse Morlaix, Lannion, Tréguier, Guingamp, Châtelaudren et Saint-Brieuc. Le plus simple est de prendre pour points de repaire les lieux où il subsiste encore quelques souvenirs. Des indications positives nous permettent de nous diriger vers Pontivy.

Henri du Val, gentilhomme soldat qui s'était mis de la compagnie du saint le suivit de Saint-Brieuc à Quintin. Il raconte que dans un des chemins de Bretagne, poétiques mais souvent peu praticables, il arriva une plaisante aventure. L'ânesse qui portait les livres du saint suivait le chemin creux, et lui qui était descendu pour ne pas charger la pauvre bête, marchait sur la berge. Tout-à-coup l'ânesse tombe dans un bourbier, et avec elle les malheureux livres. Le pis fut qu'elle ne pouvait plus se relever. « Jésus ! secourez-la ! » s'écria le saint. Mais il n'avait sans doute pas mis dans son invocation toute la foi voulue, car l'ânesse gigotait des quatre pieds sans pouvoir trouver un point d'appui. Alors un des assistants la piqua d'un bâton ferré en disant : « Tu te relèveras de par tous les diables ! » Elle se leva en effet, mais le bon saint qui avait ses raisons pour ne pas aimer le diable, prit ses livres et renvoya la bête en liberté, ne voulant plus là chevaucher comme si elle eût été mise sous l'influence du malin par l'imprécation faite sur elle (1).

Il n'est point douteux qu'il n'ait évangélisé Loudéac et les environs, car à La Motte, qui n'était alors qu'une *Trêve* de Loudéac et qui a aujourd'hui 3.000 âmes, on désigne l'église sous le nom de Saint-Vincent. Le couvreur dira : « Je vais couvrir Saint-Vincent. » Ou encore : « la métairie de Saint-Vincent rapporte beaucoup au sacristain. » Il en est le premier patron, avec saint Yves pour succédané. Près du presbytère une fontaine porte son nom. Jamais on ne l'a vu tarir, même dans les années de grande sécheresse. On dit aussi qu'il n'y a pas à crainde les chiens enragés à La Motte, car la terre de Saint-Vincent leur brûle les pieds. On ne se souvient pas, en effet, d'avoir jamais eu à souffrir de ce terrible fléau. Le troisième dimanche après Pâques, sa fête se célèbre, mais malgré la procession où se porte une relique de lui, on souhaiterait plus de solennité. Quelques hommes portent le nom de Vincent.

A la Chèze il y avait une chapelle dédiée à la sainte Vierge sous le nom de Notre-Dame de Pitié ; elle avait eu jadis ses jours de gloire et de célébrité, mais elle était arrivée à un tel degré d'abandon et de ruine que la toiture s'était effondrée, et que l'intérieur était rempli de ronces et d'épines. On pria Vincent Ferrier de s'employer à la restau-

(1) Quintin a placé dans un vitrail de sa nouvelle église saint Vincent Ferrier à titre sans doute de pèlerin célèbre de la précieuse relique qu'on y vénère, comme on l'a fait à Notre-Dame de la Treille à Lille.

rer. — « Non, dit-il, cette œuvre est réservée à un autre.
« Vous le reconnaîtrez à ce signe qu'il sera contredit et
« bafoué de toute manière ; mais avec la grâce de Dieu il
« viendra à bout de cette sainte entreprise. » — Il prophétisait ainsi le Bienheureux Grignon de Montfort, devenu
lui-même si populaire en Bretagne. Les choses se passèrent
comme il l'avait dit. La chapelle de Notre-Dame de Pitié est
aujourd'hui en très bon état et vaut la peine d'être visitée.
Elle a belle apparence et sert d'église paroissiale. Le Bienheureux Grignon de Montfort ne mit qu'un mois ou six
semaines à la rebâtir. Il est vrai que le transept, la façade
et les murs latéraux en granit solide avaient pu être conservés. Vincent Ferrier prêchait à la Chèze devant l'ancienne
église dédiée à saint André sur la place du Marché, disparue entièrement il y a un demi-siècle.

A La Trinité-Porhoët il prêchait également, au moins selon
toute apparence, devant l'ancienne église près du pont, et
dont une croix marque aujourd'hui l'emplacement. Là
seulement il avait devant lui un suffisant espace (1). La
Trinité centre de voie romaine, gros bourg moyenâgeux
en nid d'aigle, est tout ramassé sur ses pentes. L'église
actuelle, prieuré de Bénédictins, complète bien la vue panoramique. Dans un des vitraux sud qui reproduisent la
vie de saint Judicaël, roi puis moine, patron du lieu, un
médaillon trifolié rappelle saint Vincent Ferrier ; un autre
en face rappelle le Bienheureux Grignon de Montfort.

A Pontivy, saint Vincent a sa statue dans la chapelle du
Rosaire. A deux kilomètres de là, une chapelle lui est
dédiée ; enfin il est patron de Kerfourn.

En Basse-Bretagne la mission de Vincent Ferrier, certaine

(1) Témoignage d'Eudes de la Barre, citoyen de Vannes qui a entendu Maître Vincent à la ville de la Chèze et au bourg de La Trinité.

d'ailleurs, reste, comme détails, dans une sorte de vague, parce que l'enquête officielle ne s'étendit pas jusque-là. Les mandataires du Saint-Siège recueillirent à Vannes assez de témoignage et constatèrent assez de miracles pour canoniser plusieurs saints. La satiété les gagna bientôt. Ils interrogèrent encore par manière d'acquit sur quelques points de la Bretagne francisante, mais ne s'occupèrent nullement des trois évêchés de Quimper, de Léon et de Tréguier. Il faut bien dire aussi que le duc de Bretagne, le peuple et l'évêque de Vannes s'impatientaient. Toutefois les historiens ont regretté cette lacune, et nous la regrettons encore.

Ce bijou de granit qui est la chapelle du Folgoat fut dédié en 1423 quatre ans après la mort du saint. Celui-ci figure dans les nouveaux vitraux.

A la cathédrale de Quimper il est représenté donnant la main à un chevalier. — A Guérinec, près de Douarnenez, une chapelle lui est dédiée.

Lesneven a conservé jusqu'à la Révolution un cadeau précieux du saint lui-même, sa propre calotte féconde en miracles et conservée dans un beau reliquaire d'argent (1).

A Saint-Pol de Léon, l'apôtre de la Bretagne n'a qu'une statuette placée derrière la chaire de la cathédrale : c'est peu.

A Morlaix moins encore, car il n'y a rien ou plutôt il n'y a plus rien. Vincent Ferrier y avait trouvé un superbe

---

(1) M. de Kerdanet a retrouvé le procès-verbal qu'on fit de l'ouverture de ce reliquaire en 1669, le 14 octobre, à la suite de l'incendie d'une maison où on l'avait porté pour la guérison des malades. On constata que la calotte n'avait pas perdu sa forme, quoiqu'elle eût été « investie de feu, » comme dit le procès-verbal, qui fut dressé « pour « servir à la plus grande gloire de Dieu et de ses saints, et pour mar- « quer à la postérité l'estime et la vénération que nous devons avoir « pour un si rare et si précieux trésor, »

couvent de son ordre bâti presqu'au temps de saint Dominique, et longtemps sa chambre y fut en vénération (1).

L'apôtre avait passé quinze jours à Morlaix. Il prêchait du haut de la rue des Fontaines, et le peuple se rangeait de l'autre côté de la ville sur les douves et contrescarpes du château, sur les pelouses du parc, et sa voix n'avait aucune peine à parvenir aux auditeurs. Le Père Albert Legrand, dominicain de Morlaix, auteur de la *Vie des Saints* de Bretagne, en parle avec enthousiasme.

Un oratoire avait été élevé en souvenir de Vincent Ferrier au lieu même où l'estrade à prêcher avait été dressée (2), il a été démoli pour accommoder le monastère des Carmélites.

« De Morlaix par Lannion l'apôtre se rendit à Lan-Tré-
« guer (Tréguier), dit Albert Legrand. L'évêque Mathias
« du Cosker, assisté des chanoines et chapelains de sa ca-
« thédrale, alla le recevoir près de l'église Crech-Mikel ».
De cette église de Crech-Mikel, il ne reste plus qu'une simple tour. Elle est à deux kilomètres de Tréguier. Tréguier tout occupé de saint Yves ne pense plus à saint Vincent Ferrier.

De Tréguier il se rendit à la Roche-Derrien, puis à Guin-

(1) Il est aujourd'hui vulgarisé comme tant d'autres, pas de trace de la chambre du saint. L'église, dont on admire encore les verrières splendides, a été coupée odieusement en deux pour faire un méchant musée.

(2) Il existe plusieurs chaires extérieures en Bretagne, sans compter certains grands Calvaires du Finistère, ainsi que le calvaire de Pont-Château, la *Scala sancta* de Sainte-Anne d'Auray, les tribunes du Folgoat, de Rumengol, de Quelven, de Saint-Maturin en Quistinic, de Josselin, de Locronan, du dôme de Berné. — Toutes ces chaires, d'une structure si originale et qu'on ne trouve guère qu'en Bretagne, procèdent du grand mouvement de foules créé par Vincent Ferrier. Il prêchait lui-même du haut d'une chaire volante qu'on plaçait sur l'estrade toujours nécessaire, mais après lui on visa aux commodités de l'avenir en construisant les chaires à l'extérieur. Saint-Yves déjà évangélisait son cher peuple breton en plein air.

gamp où il prêcha cinq jours. Les Dominicains y avaient un couvent, détruit en 1591 par l'armée du prince des Dombes. Le monastère de Montbareil s'est élevé sur l'emplacement. Les murs d'enceinte paraissent remonter jusqu'aux Jacobins. Ils étaient bien placés là ; devant l'aqueduc dont les eaux passaient dans leur jardin, ce qui leur valut quantité de procès.

Au temps de Vincent Ferrier se tenait à Guingamp une des plus charmantes cours de l'Europe, celle du duc Jean V. Pendant que les chevaliers chevauchaient à travers bois, la duchesse Jeanne de France et ses femmes se livraient aux exercices de piété enseignés par le saint. La B. Françoise d'Amboise continua ces traditions.

Dans la belle et curieuse église de Guingamp, en avant du chœur, deux statues bien éclairées et non vulgaires se présentent, celle de Vincent Ferrier en attitude de prédicateur et la Bienheureuse Françoise d'Amboise. Vincent Ferrier est en chasuble du moyen-âge, contrairement à toutes les traditions qui le font toujours prêcher avec son manteau de dominicain.

A Châtelaudren nous trouvons un livre de paroisse admirablement tenu, tel qu'il en faudrait partout, qu'il simplifie singulièrement la tâche de l'historien. « Sur la col-« line qui domine la petite ville de Châtelaudren, dit en « substance ce mémorial, s'élève une antique chapelle qui « doit son origine au grand thaumaturge et apôtre de la « Bretagne saint Vincent Ferrier. Il consacra ce lieu et le « pays d'alentour *d'an Itron Vari*, à madame Marie, « comme on disait alors, et fit vœu de lui bâtir un sanc-« tuaire avec les aumônes qu'il recueillerait parmi les as-« sociés du Rosaire. Les miracles se multiplièrent à cette « chapelle, et l'on fut forcé de l'agrandir aux siècles sui-« vants. Elle eut des revenus considérables et fut enrichie

« d'objets d'art sans prix qui, naturellement disparurent,
« à la Révolution. Quelques débris précieux ont échappé
« toutefois à l'insatiable rapacité, entre autres des pein-
« tures sur bois, pages admirables que le XVe siècle a
« laissées à la Bretagne et à la France, car on ne trouve
« nulle part ailleurs rien de plus beau dans ce genre, et aussi
« une belle statue de la Vierge-Mère en albâtre, couverte
« d'une couche d'un grossier badigeon, ce qui la sauva.
« Tout porte à croire que c'est bien la statue donnée par
« saint Vincent Ferrier et devant laquelle tant de grâces
« merveilleuses ont été obtenues. »

Châtelaudren, par exception, n'avait pourtant pas été
hospitalier pour le saint. Quand il passa sous les remparts,
les soldats de la garnison se moquèrent de son âne. « Vous
ne rirez pas longtemps, dit-il, mes enfants, car avant peu
les brebis et les ânes viendront paître dans la ruine de ce
château ». Trois ans après, en effet, le duc de Bretagne
pour venger une injure des Penthièvre fit raser la forte-
resse qui devint promenade publique, où purent paître en
liberté les brebis et les ânes. Châtelaudren répara sa faute ;
et le saint, incapable de rancune, lui laissa pour gage de
pardon la belle statue d'albâtre.

On lui éleva une chapelle à lui-même qui devint le siège
d'une florissante congrégation. Elle était située au bas du
champ de foire, sur la Place, et près d'une fontaine qui
porte encore le nom de Saint-Vincent. Elle n'a pu échapper celle-là à l'œuvre dévastatrice : devenue maison privée,
on y voit encore une vieille statue en bois qui représente
le saint.

CHAPITRE XXIII

A Ploërmel. — Faux départ de Nantes. — La démoniaque de Guérande. — Muzillac. — Le monastère de Prières.

Il rentre par Saint-Brieuc pour la seconde fois dans la Bretagne Française, suivant la route transversale qui va de Saint-Brieuc à Nantes par Ploërmel et Redon. A ce second voyage à Ploërmel se rapporte un de ses plus touchants miracles. Robert Juno, prêtre, recteur de Lanrelas, dépose qu'un bourgeois de Ploërmel, chez lequel il logeait alors, avait un enfant d'environ deux ans si chétif et si infirme depuis sa naissance qu'il ne pouvait se mouvoir, languissant de jour en jour, et on n'attendait que sa fin prochaine. Toutes les ressources de l'art avaient été employées en vain. Songeant aux miracles dont le Très-Haut favorisait chaque jour maître Vincent, le témoin conseilla de porter l'enfant au prieuré de Saint-Nicolas, faubourg de Ploërmel, où l'apôtre était descendu. — « Nous y allâmes tous deux, la
« mère et moi, dit le témoin. Arrivés au Prieuré, la mère
« n'osa pas en franchir le seuil, et je portai seul l'enfant
« dans la chambre haute qu'occupait Maître Vincent.
« Reçu par lui avec une grande affabilité, j'expliquai le
« cas du pauvre petit. Le saint se leva, fit sur l'enfant le
« signe de la croix, et joignant les mains, récita une prière.
« Sa prière n'était pas terminée que l'enfant se mit à sou-
« rire et entra en convalescence. Depuis il n'a eu ni lan-
« gueur ni infirmité ; bien mieux, il est devenu homme
« fort et vigoureux, et il vit encore. » — Il y avait de cela trente-cinq ans.

Le saint prêcha à Nantes l'avent de 1418. C'est à la fin

de cette mission qu'eut lieu la touchante scène que les poëtes de l'antiquité eussent chantée avec toute la magie de leur style. L'apôtre savait par révélation divine qu'il ne devait plus revoir le beau ciel de Valence, mais ses compagnons, qui voyaient ses forces décliner chaque jour, crurent que le soleil d'Espagne et l'air natal prolongeraient sa vie ; ils songeaient surtout au mauvais accueil qui les attendait, s'ils laissaient loin de leur patrie les restes mortels de celui qui en était la plus illustre gloire. Ils supplièrent donc le saint de prendre le chemin du retour. Souriant, il se laissa faire : ses préparatifs de voyage n'étaient point long ; chaque jour il les recommençait : le bât sur son âne et sa bible sous son bras. Ils partirent dans la nuit pour ne pas attrister ce bon peuple. Toute la nuit on marcha, et, quand parut la pâle aurore d'un jour d'hiver, ils se retrouvèrent aux portes de Nantes... « Dieu se déclare », dit doucement le saint. Et le jour même il se mit en chemin vers Vannes.

Guérande est encore une jolie ville au cachet antique, avec ses murailles, ses tours, ses créneaux. A la collégiale de Saint-Aubin, aujourd'hui église paroissiale, une chaire extérieure, à droite du portail principal, garde le nom de Vincent Ferrier. C'est justice, car elle fut témoin d'un miracle d'un ordre à part. « Martin Guennégou de Questem- « bert rapporte qu'au temps où Maître Vincent prêchait « au pays de Guérande, on portait sur un char, fortement « liée avec des chaînes de fer, une femme démoniaque. « On la conduisait à Saint-Gildas-des-Bois. Le cortège pas- « sait devant la place où se faisait le sermon. — Atten- « dez ! dit le thaumaturge. — Il acheva sa prédication, « s'approcha du char et signa la possédée qui, aussitôt « guérie, fut délivrée de ses chaînes, et toute joyeuse « revint dans son pays, bénissant Dieu et son insigne « bienfaiteur.

Alain de Cressolles a enteadu Maître Vincent à Pont-d'Armes. Pont-d'Armes est un pays de sauniers. Dans la boutique d'un forgeron, quelques restes informes d'une vieille chapelle y rappellent encore, dit-on, le souvenir de saint Vincent Ferrier.

Jean Danion de Péaule l'a entendu à La Roche-Bernard et Jean Guédas d'Ambon à Muzillac. La Roche-Bernard était alors un centre important qui n'a pas perdu son grand caractère. La tradition est vivante. A Marzan, à une lieue de là, Vincent Ferrier a sa chapelle.

Muzillac, qui est aussi une intéressante bourgade, offrait à l'apôtre devant le porche de l'église un des plus beaux emplacements pour la parole en plein air : l'espace immense en pente douce de tous côtés. Selon une prophétie bien caractérisée qu'on lui attribue, Muzillac a été, depuis son passage, absolument préservé de toute épidémie, bien que maintes fois divers fléaux aient sévi dans les environs. Un hameau porte son nom ; dans l'église dont il était le second patron, il a sa statue, et une procession solennelle se fait en son honneur le même jour qu'à Vannes pour la translation de ses reliques.

« Le vénérable père Yves du Marcheix, religieux du monastère de Prières et que nous connaissons déjà, y a entendu le saint (1). Bien que séparé de la mort par quelques jours à peine, on remarqua que sa vigueur, quand il prêchait ou célébrait, n'était nullement affaiblie : terrifiant quand il parlait du péché ou des peines de l'enfer, il était

---

(1) Le monastère de Prières était une abbaye cistercienne à une lieue de Muzillac au bord de la mer. L'abbaye dépend aujourd'hui de Billiers, paroisse d'un millier d'âmes ; mais c'est Prières qui a créé Billiers. Les moines y bâtirent des maisons pour une colonie de marins qu'ils avaient fait venir de Nantes. Les habitants sont encore à peu près tous marins Vaillants et bons, ils ne disent point trop de mal des moines leurs fondateurs.

d'une douceur infinie quand il parlait de Dieu, de la vertu ou des joies du paradis, si bien que les plus endurcis se sentaient excités au repentir. — Et les malades en grand nombre venaient lui demander leur guérison.

Une exubérante floraison d'églises, de chapelles, de monuments religieux de toutes sortes couvrit le sol breton après le passage de saint Vincent Ferrier dans notre pays : le grand mouvement de foi, qui venait de s'opérer, se traduisait en granit, indélébile comme le granit même.

CHAPITRE XXIV

L'apôtre arriva à Vannes pour le carême de .1419. Il ne
devait pas en voir la fin. Épuisé, il accepta la litière de
la duchesse. On alla le chercher en procession, mais moins
loin cette fois, jusqu'à la chapelle Sainte-Catherine. Derrière
Saint-Patern s'étend un espace assez considérable qui fut
cimetière autrefois. Une petite place irrégulière y attient
qui s'appelle encore place Sainte-Catherine (1).

Le saint entra dans la ville close par la porte Saint-Patern (2) et logea cette fois dans la maison de Marguerite
Dreulin que la tradition rapporte avoir été au service de
la duchesse. Il est bien évident, et cela ressort de tous les
témoignages, qu'on fit tout pour prolonger des jours si précieux. La bonne duchesse surtout s'y employa de toute
son âme. C'est ainsi qu'on lui fit prendre du bouillon gras
assez habilement accommodé pour couvrir la supercherie
qui le lui présenta sous couleur de soupe aux poissons.
Je ne répugne même point du tout, bien qu'elle n'ait pas
la valeur historique, à l'assertion qui veut que le gentil-

---

(1) La chapelle qui lui a donné son nom ne se reconnaît plus qu'à
un pan de mur noir, utilisé par une maison vulgaire.

(2) Que l'on s'obstine à dénommer Porte-Prison, comme s'il n'était
pas temps de lui rendre son nom primitif ! Vannetais, cessez donc
d'appliquer ce nom sinistre à l'un des plus curieux, à l'un des plus
imposants monuments de votre ville !

homme l'ait obligé à prendre quelque repos à sa maison de campagne de Truhélin en Arradon.

Arradon est sur le bord de la mer. La presqu'île de Rhuys ne le cède en rien comme charme aux îles tant vantées de l'ancienne Grèce ; elle a de plus ces teintes mélancoliques qui ne se trouvent qu'en Bretagne. En février, quand le soleil prend de la force, c'est un climat enchanteur. Le courant d'eau chaude qui fait de Roskoff le coin du paradis terrestre ne passe pas loin de là.

Le bon saint, dans la mesure des nécessités de son apostolat, acceptait ces marques touchantes d'une charité ingénieuse. mais il n'avait garde de laisser s'amollir les dernières heures de son existence ici-bas. Sur un de ces rochers qui émergent du sol peu profond d'Arradon, on voit encore deux cavités en forme de cupules qui passent, dans la croyance populaire, pour être l'empreinte des genoux de l'austère moine. La pierre qui, dit-on, lui servait d'oreiller, longtemps conservée au manoir même de Truhélin, se vénère aujourd'hui dans l'ancienne église paroissiale.

Je n'ai pas la preuve absolue qu'il ait franchi l'espace qui sépare Vannes ou Arradon des îlots peuplés de monastères. Mais il paraît certain que l'Ile-aux-Moines possède « *la première* et plus ancienne statue au naturel de saint « Vincent, placée dès l'origine de son culte en 1455 sur l'au- « tel érigée sous son invocation dans le caveau de son tom- « beau sous le chœur de l'église cathédrale de Vannes (1). »

Arrivé à Vannes sur la fin de février, Vincent Ferrier paya sa nouvelle hospitalité par un de ces bienfaits dont il

(1) Cette statue fut donnée à M⁸ᵉ Jeanne-Suzanne Touzé de Grand'-Isle, dame Legris en reconnaissance de son zèle et piété depuis bien des années à orner les chefs, bustes, châsses et reliques, chapelles et anciens tombeaux de Vincent Ferrier apôtre de la Bretagne et patron de la ville de Vannes, par MM. les vénéra les et discrets dignitaires

était prodigue, mais ici bien opportun. Le fils de son hôtesse, âgé de trois ans, tomba dans un bassin plein de lessive bouillante, et c'en était fait de sa vie, lorsqu'aux cris qu'il poussa le thaumaturge accourut, et d'un signe de croix le délivra de tout péril. « Il vit encore », ajoute le témoin Thomas Le Brun, propre neveu de sa mère.

Aliéta, femme de Perrot Alienou, citoyen de Vannes, souffrant depuis plusieurs années d'un mal grave au côté se présenta à la maison Dreulin ; elle trouva la cour pleine de gens attendant l'imposition des mains ou le signe de la croix qui devaient leur rendre la santé. « Le saint sortit vêtu de son habit blanc, dit-elle. » Il lui imposa les mains comme aux autres et depuis elle n'a jamais souffert de son mal.

Et tant d'autres qui recouvrèrent la santé ou virent la fin de leurs angoisses ! Le bon saint ne se refusait à personne, malgré l'extrême faiblesse des derniers jours. Les témoignages font ressortir que jusqu'à la fin il fut le vigoureux et infatigable apôtre que l'Europe entière avait connu, et l'austère religieux que chacun connaissait.

Mais enfin la mort approchait. Ses compagnons, navrés de douleur, tentèrent un dernier effort pour gagner avec lui la patrie commune ; comme il était incapable de se tenir à cheval, ils résolurent de faire le voyage par mer ; et pour dérober leur départ à la vigilance des Vannetais, ils s'em-

---

et chanoines du chapitre de l'église cathédrale de Vannes, par délibération en date du vendredi premier septembre mil sept cent quatre-vingt. La famille de la dame Legris habitait l'Île-aux-Moines, et pour témoigner à leurs concitoyens de cette ville leur amitié et bonne volonté « elle leur confia ce dépôt sacré, et aussi afin d'obtenir pour leur voyage périlleux sur mer la protection de ce grand saint. En conséquence cette statue miraculeuse a été déposée en l'église Saint-Michel de l'Île-aux-Moines. »

Une notice très documentée a été publiée par l'abbé P. NICOL sur cette statue.

barquèrent de nuit. Mais ils virent bientôt qu'ils n'emporteraient qu'un cadavre et renoncèrent à leur projet. Les marins matineux aperçurent ce débarquement insolite et donnèrent l'alarme ou plutôt le signal de la joie. Toutes les cloches furent mises en branle comme par enchantement, le travail cessa partout, le peuple entier accourut, et ce fut une réjouissance publique comme aux jours de grande solennité. — On a placé une gracieuse petite statue de saint Vincent, à l'angle d'une maison, située à l'endroit où l'on croit qu'il débarqua. Revenu à son logis, il se tourna vers le peuple qui était spontanément accouru et dit : « Vous voyez, mes amis, que la volonté de Dieu est « que je revienne en votre ville, non plus pour y prêcher, « mais pour finir mes jours. Retournez chacun chez vous, « et que Dieu vous récompense de l'honneur que vous « m'avez rendu aujourd'hui. »

Le lendemain une fièvre intense se déclara, accompagnée de douleurs très aiguës. Sur les instances des personnes qui l'entouraient, et pour ne pas faire preuve d'un entêtement, qui n'est pas rare chez des malades et qui n'est pas une vertu, — il consentit à accepter un matelas et à quitter son cilice.

Il accepta en souriant quelques soulagements qu'on lui proposait, mais il déclara que les remèdes désormais n'avaient plus d'efficacité pour lui. Tout Vannes s'empressa à son lit d'agonie : sa main bénissante s'abaissait sur tous. Il eut pour tous une parole affectueuse ou un regard d'ami. « Messieurs les Bretons, leur dit-il, vous n'ignorez pas à quels vices votre province était sujette, et que je n'ai rien négligé pour vous ramener dans le droit chemin. Rendez grâce à Dieu avec moi de ce que, après m'avoir donné le talent de la parole, il a rendu vos cœurs capables d'être touchés et portés au bien. Il ne vous reste plus qu'à persévérer dans la pratique des vertus et à ne pas oublier ce que vous avez appris de moi. Pour ce qui me regarde, puisqu'il plaît à Dieu que je trouve ici la fin de ma vie et de mes travaux, je serai votre avocat devant le tribunal de Dieu, je ne cesserai jamais d'implorer sa miséricorde pour vous, et je vous le promets, pourvu que vous ne vous écartiez pas de ce que je vous ai enseigné. Adieu ; je m'en irai devant le Seigneur dans dix jours d'ici. »

Malgré de violentes douleurs, sa patience ne se démentit pas. Le neuvième jour la faiblesse augmentant, il se fit lire la Passion selon les quatre évangélistes et les psaumes de la pénitence. Lui-même une dernière fois, avant d'entrer dans la nuit de la mort, ou plutôt avant l'aurore du jour éternel, il récita ce psautier que chaque jour il récitait durant ses pieuses veilles, puis il ferma doucement les yeux. Ses frères l'exhortaient à former en lui les sentiments qu'il avait si souvent inspirés aux autres : son attitude recueillie indiquait qu'il comprenait.

Des mains de Missire Collet, vicaire du chapitre, assisté d'Olivier Le Bourdiec, il reçut l'Extrême-Onction et le saint Viatique comme tout chrétien qui va mourir, protestant de mourir comme il avait vécu dans la foi catholique. Et c'est en effet la base de tout, des plus humbles mérites comme des plus grands miracles. Enfin il se fit donner l'absolution générale *in extremis*, seule récompense qu'il avait voulu recevoir de Martin V pour avoir rendu la paix à l'Eglise.

Il expira le 5 avril 1419, vers 4 heures de l'après-midi (1). Des papillons blancs entrèrent aussitôt dans la chambre :

(1) L'Eglise a coutume de célébrer la fête des saints le jour de leur entrée au ciel. Toutefois M⁰ʳ de Bertin fixa, pour le diocèse de Vannes, celle de saint Vincent au 5 mai, parce que le 5 avril coïncide fréquemment avec les fêtes de la Passion ou de Pâques.

images gracieuses des anges qui étaient venus chercher l'âme de l'élu de Dieu, attirés d'ailleurs par le parfum extraordinaire qui s'exhala de son corps. La duchesse, qui était restée agenouillée tout ce jour auprès du lit, lava de ses propres mains ces pieds qui avaient porté à travers le monde l'Evangile de la paix.

Vannes le pleura comme on pleure l'ami le plus cher. On célébrait tout haut ses vertus héroïques, la puissance merveilleuse de parole et ses innombrables miracles.

Le procès de canonisation commençait par la voix populaire.

CHAPITRE XXV

LE PROCÈS DE CANONISATION

I

Les Commissions d'enquête.

C'est ordinairement aux tombeaux des saints que s'accomplissent les plus nombreux et les plus frappants miracles. Dieu nous y donne à la fois le gage de notre immortalité, la preuve de la communion des âmes à travers le sombre passage de la mort, et un encouragement vers ce Paradis où nous attendent des frères pour qui le rude combat de la vie n'a été qu'une série de victoires.

Jamais thaumaturge n'avait paru au soleil de l'Eglise plus armé de la puissance des miracles que Vincent Ferrier, jamais tombeau ne répondit par des prodiges plus multipliés aux percussions de la Foi.

Chaque dimanche à Vannes on en faisait le récit public, récit nécessairement très abrégé : Henri Le Médec, chargé du Livre de paroisses, en composa une relation qui fut emportée à Rome. Lorsque un miracle plus frappant que les autres arrivait qui excitait l'enthousiasme des foules, on se précipitait aux cloches, et c'était chaque jour d'interminables carillons d'allégresses. 873 furent admis au procès de canonisation. Ce n'est certainement pas la vingtième partie des merveilles de miséricorde opérées par Dieu à l'intercession de son serviteur, car il n'y eut pas que le tombeau à provoquer les miracles. Le Breton Guyard prend à témoin tout le diocèse de Rennes « que les oraisons de saint Vincent Ferrier font des miracles continuels ». Or les Commissaires apostoliques n'allèrent point à Rennes ; et, vu la difficulté des communications, l'appel des témoins ne s'étendait pas au-delà des villes où se tenait officiellement l'enquête. Elle siégea en Bretagne à Vannes, à Dinan, à Redon, à Nantes, à Tréguier, à Questembert et à Guérande. Mais, sauf à Vannes, ce fut très passagèrement et comme par manière d'acquit. Qu'on en juge par ce fait que deux témoins seulement furent interrogés à Nantes : la plus grande partie de la Basse-Bretagne fut laissée de côté.

La Commission d'enquête se réunit d'abord à Malestroit, n'osant pas convoquer les témoins à Vannes, à cause de la peste qui sévissait dans la ville et les environs ; mais elle ne tarda pas à se transporter dans la ville épiscopale, près du saint tombeau, car on remarqua que la peste avait disparu dès qu'on avait commencé le procès de canonisation.

La Commission s'installa au Prieuré de Saint-Guen, à un kilomètre de la ville. Il dépendait de l'Abbaye bénédictine de Saint-Gildas-de-Rhuys.

Cette enquête de Bretagne est superbe, conservée en un manuscrit in-folio dans les archives du chapitre.

Nos Bretons peuvent retrouver là leurs noms patronymiques, la foi de leurs Pères, un parfum celtique, doux et fortifiant. Il faut entendre par exemple ces vieux loups de mer au courage sans pareil raconter leurs dangers, leurs prières et leur délivrance. Au reste la sûreté des souvenirs, la naïveté touchante des détails, le sérieux de l'interrogatoire n'échapperont à personne, sans compter ce latin qui semble l'œuvre d'un écolier malhabile et qui n'est autre que notre langue en formation.

Une enquête analogue à celle de Bretagne eut lieu à Toulouse, une autre à Naples, une quatrième dans Avignon. Trois évêques et le roi d'Aragon furent interrogés comme de simples mortels.

Rien ne donnera, comme on va le voir, une idée plus juste de sa sainteté et de la grandeur de sa mission que le programme de sa journée et la simple nomenclature des œuvres qu'il a accomplies.

II

La Journée de saint Vincent.

La vie intime est la base de tout procès de canonisation.

Or la vie intime de saint Vincent est connue à fond ; elle a eu d'innombrables témoins, qui sont venus, au cours de l'enquête, déclarer ce qu'ils ont vu et ce qu'ils ont entendu.

Il ne dormait jamais dans un lit, mais sur des tapis, avec une pauvre couverture, et un livre ou une pierre pour oreiller.

Il se levait à 2 h., récitait son office, puis le psautier tout entier ; ensuite il lisait l'Ecriture sainte, ou restait absorbé en de longs entretiens avec Dieu, qui le provoquaient fréquemment à se donner une sanglante flagellation.

Il se confessait tous les matins. Vers 6 h. en été, 7 h. en hiver il chantait la messe. Il avait à sa suite des chantres prêtres, soigneusement exercés. La messe était le centre de sa journée, le point culminant des ascensions de son cœur. Son visage s'y enflammait, et le sacrifice s'achevait dans une sorte d'irradiation de tout son être. L'expérience avait prouvé qu'on l'entendait de partout ; on arrivait néanmoins avant l'aube pour voir de plus près les resplendissements célestes de son visage.

Le sermon suivait la messe et durait en moyenne trois heures. La chaire, comme un galvanisme divin, lui redonnait force, vivacité, jeunesse. C'était un miracle se réitérant tous les jours, et constaté par d'innombrables témoignages. La messe était l'opératrice de ce prodige ; il venait de s'approcher du Dieu qui renouvelle la jeunesse, et pour un instant, magré son grand âge, il redevenait jeune d'attitude, de physionomie et d'accent.

En descendant de l'estrade, il s'attardait encore à réconcilier les ennemis, et à bénir les malades.

Il dînait à 1 heure, n'ayant rien pris le matin avant de prêcher. Il prenait du potage, puis du premier mets servi, toujours maigre, en petite quantité ; puis c'était fini, tout le reste allait aux pauvres. On ne l'a jamais vu manger le soir.

A 1 h. 1/2, il se renfermait pour achever l'office du jour et se recueillir. Jamais de sieste. Il consacrait l'après-midi aux pauvres, aux enfants, au peuple des campagnes, aux religieuses cloîtrées, enfin à sa compagnie.

Les jours de déplacement, le voyage remplissait une partie de l'après-midi. Il allait toujours à pied, sauf dans sa vieillesse, où la plaie de sa jambe l'obligea à voyager à dos d'âne.

A 8 h., où qu'il fût, il se retirait, sans avoir mangé ni bu quoi que ce soit ; il se réservait ce moment pour préparer son office du lendemain, et puis sa prédication dont il écrivait les idées principales. A 9 h. il se couchait.

Mais c'était rarement pour lui l'heure du sommeil ; c'était plutôt l'heure où se déchaînaient contre l'apôtre les rancunes de l'enfer ; et souvent, quand ces cruelles insomnies provoquées par les démons cédaient enfin la place à un commencement de sommeil, les cinq heures qu'il s'accordait pour le repos nocturne étaient écoulées ; le moment du lever sonnait ; et alors, quelles que fussent les exigences de la nature, fatigue des membres ou lourdeur de la tête, l'apôtre se levait ; et toujours suivant le même horaire, suivant le même programme, la journée recommençait.

Et ce fut ainsi toute sa vie.

Pour qui connaît la nature humaine, cette continuité sans relâche est un vrai prodige, même au couvent, où l'entraînement de la vie commune, l'atmosphère ambiante, au milieu d'une existence calme, semblent rendre la chose facile. Mais quand c'est au dehors qu'il s'agit de maintenir avec une rigueur inflexible cette austère uniformité ; quand c'est tous les jours, avec une infinie multiplicité d'affaires, sous toutes les latitudes, en toute saison, en toutes dispositions d'esprit et de corps, cela suppose une force de volonté, une vigilance, en un mot l'état d'âme d'héroïsme qui fait les saints.

Avec cela il faut remarquer un détail qui ajoute éminemment un charme naturel à ses qualités surnaturelles : il était toujours gai, et d'une égalité d'humeur parfaite. Ce n'était pas un saint triste. Malgré ses incroyables fatigues, malgré sa plaie à la jambe, il est mort à 70 ans. Une vie régulière de pénitence normale n'abrège jamais nos jours, elle les prolonge plutôt.

L'archevêque de Toulouse le pria, un jour de modérer ses mortifications : « Permettez-moi, répondit le saint, d'achever comme j'ai commencé ; à mon âge tout changement serait dangereux. »

III

L'œuvre de saint Vincent.

Qu'elle est auguste l'œuvre de cet homme ! De quelle clarté son nom éclaire-t-il l'humanité ! Car enfin, s'il n'est pas un des grands bienfaiteurs de l'humanité, tant de prodiges aboutissent à un résultat bien mesquin.

La thèse du jugement dernier a laissé entrevoir l'éminent service rendu par lui au monde. Il a contribué plus que personne, et dans les temps les plus critiques, à fléchir la justice divine, et à sa voix le fleuve humain a repris son cours.

Mais ce n'est là qu'un des points de vue pour juger de son rôle, il y en a d'autres.

Entré dans sa carrière comme un astre bienfaisant, il a passé en faisant le bien, ne laissant nulle douleur inconsolée, nul tombé sans lui tendre les mains. Il a guéri le mal sous toutes les formes, il a fait partout germer la vie.

Son principal titre de gloire, aux yeux des historiens et peut-être aux yeux de Dieu, c'est d'avoir contribué plus que personne à mettre fin au grand « schisme des trois papes », la plus grande épreuve, croyons-nous, que l'Eglise ait subie dans le cours des siècles.

On porte ordinairement à 100.000 le nombre des criminels notoires qu'il arracha au crime. Quant aux pécheurs ordinaires, ils sont innombrables. Et certes ce ne fut pas besogne facile. Nous sommes frappés des malades guéris, des morts ressuscités, des tempêtes apaisées... Là ne sont pas les grands miracles, parce que là ne sont pas les grands obstacles. Il n'est pas loisible à un cadavre de résister au thaumaturge qui lui ordonne de reprendre son âme ; un nuage ne se soustraira pas au signe de croix qui le rejette au point de l'horizon ; mais la volonté de l'homme est libre toujours ! Et quand la liberté humaine se trouve bien dans la volupté de ses sens ou de son orgueil, quand elle s'est assise dans l'ornière commode de l'habitude, là est la montagne à soulever.

Parmi toutes les passions qui résistent à la grâce, il est un sentiment plus rebelle, c'est la haine ; et l'une des choses les plus difficiles de ce monde est assurément le pardon. — Or à l'époque où parut saint Vincent, il y avait comme une floraison sinistre de haines, de discordes publiques, de dissensions de tout genre. Le mot de « schisme » est à lui seul tristement éloquent. Or partout Vincent Ferrier laissait la paix : « C'était sa grâce spéciale », dit un historien. Et pour que le temps ou les inconstances ne vinssent pas défaire son œuvre, des notaires publics rédigeaient les accommodements que l'on déposait ensuite dans les archives des villes.

Si les difficultés étaient grandes pour convertir les pécheurs, on conçoit ce qu'elles devaient être quand il s'agissait des Musulmans ou des Juifs.

Malgré tout, juifs et musulmans se convertirent en masse. La supériorité du christianisme s'imposa flamboyante à tous les regards. Et ces conversions ne furent pas, comme on pourrait le croire, un feu de paille. Beaucoup même ne se contentèrent pas d'une vie chrétienne ou pénitente ; ils voulurent aller jusqu'à la perfection évangélique.

Il a, avec l'aide de Dieu, à l'aide de ses dons naturels qui étaient extraordinaires par eux-mêmes, à l'aide surtout de sa sainteté transcendante, renouvelé la face de la terre ; aussi quand on réfléchit à son rôle, on s'émerveille aux proportions que prend ce nouvel Atlas qui soutint le poids du monde croulant, et le remit en marche, guéri, fortifié, purifié...

IV

La Canonisation.

Commencé en novembre 1453, le procès fut clos en avril 1455.

Alphonse Borgia (Calixte III) était pape, il n'y avait donc plus rien à attendre ; car il est souverainement remarquable que ni Martin V, le pape né des énergiques vouloirs

de Vincent Ferrier, ni Eugène IV qui affectionnait beaucoup les Dominicains, ni même Nicolas V qui canonisa saint Bernardin de Sienne l'élève de notre héros, ne voulurent ou ne purent procéder efficacement à sa canonisation. Elle eut lieu solennellement à l'église dominicaine de la Minerve, le 29 juin 1455, jour de la fête de saint Pierre et saint Paul : dans l'église magnifiquement décorée tranchait, entre toutes, la bannière de Bretagne couronnée : J'ignore si l'Espagne avait à Rome ce jour-là des représentants, mais elle en avait à Vannes. De Vannes on avait fait savoir à Valence que le jour même de la canonisation le saint tombeau serait ouvert, et les dépouilles mortelles du grand thaumaturge exposées à la vénération publique. Ainsi fut fait. Le corps vénérable fut placé devant l'autel à cercueil découvert et le service triomphal fut célébré pour la première fois. Les Valenciens regardaient de tous les yeux celui dont on leur avait tant parlé, qu'ils avaient connu peut-être, car trente-cinq ans seulement s'étaient écoulés depuis sa mort. Ils virent ou plutôt ils remarquèrent ce que les autres fortunés habitués des miracles aperçurent à peine. « En ce jour du 29 juin 1455, fête de saint Pierre
« et de saint Paul, dit ce récit, en la cité de Vannes, beau-
« coup de miracles furent opérés. Le corps du saint, ses
« habits et sa chape furent trouvés aussi intacts que le
« jour de sa sépulture (1) Durant la messe, le corps fut
« exposé devant l'autel. Un parent du duc de Bretagne fut
« guéri de la lèpre instantanément ; un aveugle de nais-
« sance vit la lumière. Et beaucoup d'autres miracles
« eurent lieu en ce jour béni de la canonisation du saint, à
« la grande admiration de tous. »

(1) La duchesse de Bretagne avait gardé la chape du saint pour elle et l'avait enseveli dans la chape d'un de ses compagnons domini-cains.

Un an presque entier s'écoula durant lequel se firent partout et surtout à Vannes les préparatifs du nouveau culte. Le 2 juin 1456 arriva le cardinal Alain de Coëtivy : il était évêque d'Avignon, mais son nom sonnait bien aux oreilles bretonnes : aussi le pape, par une aimable attention, l'avait-il nommé légat. Avec lui arrivèrent l'archevêque de Rouen, l'évêque d'Avranches, l'évêque de Poitiers, l'évêque de Luçon, l'évêque de Maillezais, l'évêque du Mans, l'évêque d'Angers, l'évêque de Rennes, l'évêque de Nantes, l'évêque de Quimper, l'évêque de Dol, l'évêque de Tréguier, l'évêque de Saint-Brieuc, l'évêque de Léon et l'abbé de Saint-Melaine. Yves de Pontsal, dominicain, évêque de Vannes, assisté du duc de Bretagne, reçut tout ce monde princièrement. Toute la noblesse des pays circonvoisins était présente, et une foule qu'on évalua à 1.500.000 personnes. L'Angleterre, qui n'avait pas oublié le merveilleux épisode de Caen y avait de nombreux représentants.

Le 4 juin, premières vêpres solennelles du nouveau saint à son tombeau ; à 11 heures de nuit les matines après lesquelles on fit *l'élévation* des reliques. Elles furent placées dans un coffre fabriqué à cet effet qui se fermait à trois clefs dont l'une fut remise au légat, l'autre au duc de Bretagne, la troisième à l'évêque. A la messe solennelle le légat annonça la canonisation, que des hérauts proclamèrent en français et en breton. Après le *Te Deum* on plaça le coffre sous le chœur de la cathédrale dans un tombeau transformé en autel, sur lequel fut mise la première statue de saint Vincent Ferrier.

L'affluence des pèlerins continua tout le long du siècle, et toujours Dieu, selon l'intensité de la Foi, multiplia les merveilles, à tel point que les ex-voto envahirent bientôt l'église entière.

____

CHAPITRE XXVI

LES RELIQUES DE SAINT VINCENT

Vannes a gardé et possède encore la majeure partie du corps de saint Vincent Ferrier. C'est justice, à tous les points de vue, mais ce n'a point été sans peine et sans alerte.

Il n'avait pas rendu le dernier soupir que les compétitions se firent ardentes. Quand on lui demanda où il désirait être enterré, il s'en rapporta aux autorités locales, ne pensant point qu'il pût y avoir litige au sujet d'un si futile objet. Mais les Dominicains prétendaient que ce *fils d'obéissance* qui ne manquait jamais, quand c'était possible, de descendre dans les couvents de son ordre, devait reposer mort parmi les siens. C'était donc au couvent le plus proche qu'appartenaient ses restes mortels. Le couvent le plus proche était Quimperlé.

Pendant les trois jours que le corps demeura exposé à la maison mortuaire les gens du duc et de l'évêque firent bonne garde ; mais dans le trajet de la maison à la cathédrale on se battit. Les Dominicains d'un côté, de l'autre les Cordeliers qui avaient un couvent à Vannes et que Maître Vincent aimait à visiter, tentèrent un coup de main, et furent repoussés par la force. Si bien que les Dominicains se plaignirent que du sang sacré avait été versé dans la lutte.

Ils ajoutèrent plus tard qu'ayant fait les frais de la canonisation, ils devaient avoir des reliques, — Ceci n'était exact qu'à demi : le duc de Bretagne Pierre II, la Bienheureuse Françoise d'Amboise, le chapitre et le peuple y avaient largement contribué. Bref une bulle de Nicolas V décida que les saintes dépouilles resteraient à la cathédrale de Vannes.

Les Dominicains renouvelèrent plus tard leurs instances auprès de Pie II assez habilement pour que celui-ci fît de nouveau examiner la question. Deux cardinaux en furent chargés. Passés maîtres en dialectique les Dominicains allaient avoir gain de cause lorsque le duc François II et l'évêque de Vannes envoyèrent au pape une ambassade dont faisait partie un habile homme, Bertrand de Coëtanezr. Les Bretons, comme on dit vulgairement, lui doivent une belle chandelle. La bulle de Nicolas V en main, il fit entendre au nouveau pontife le mauvais effet qui serait universellement produit si l'Eglise romaine se déjugeait. Puis, profitant de l'absence de l'un des cardinaux, il poussa vivement l'affaire, et le 5 février 1459 il obtenait une nouvelle bulle défendant à qui que ce fût d'inquiéter l'Eglise de Vannes au sujet des reliques de saint Vincent Ferrier.

Valence ne se consolait pas non plus de ne pas posséder une dépouille aussi précieuse. Quand éclatèrent les guerres de religion au XVI⁰ siècle, la Bretagne s'arma : Philippe II, roi d'Espagne, lui envoya du renfort, et en échange il crut devoir réclamer le corps de saint Vincent Ferrier. Le chapitre de Vannes répondit poliment que cela n'était au pouvoir de personne, puisque les Souverains Pontifes avaient défendu d'y toucher sous peine d'excommunication. Les Espagnols essayèrent alors de l'enlever par ruse pendant une représentation populaire qu'ils organisèrent dans ce but. Mais un certain Burgerel, Vannetais établi à Valence et qui avait profité de l'expédition pour revoir sa patrie, eut vent de l'affaire : il avertit les chanoines, qui cachèrent les reliques chez leur doyen. Quand celui-ci fut sur le point de mourir, comme les guerres religieuses duraient encore, il fit mettre le précieux dépôt dans la sacristie de la cathédrale derrière le chappier, où il resta sans honneur jusqu'en 1637 — par crainte des Huguenots, puis, hélas ! par oubli. Cet oubli toutefois n'avait pas été complet ni sans manifestation. En 1600 Valence avait réclamé au moins quelques parcelles. On lui donna une des côtes laissées par précaution dans l'ancien tombeau. L'évêque Martin de Bellassise fit faire ces belles tapisseries, dont une partie considérable est encore exposée dans la cathédrale. Elles représentent les miracles du saint. Les Dominicains établis à Vannes prêchèrent et provoquèrent des pèlerinages. De nouveaux miracles eurent lieu qui attirèrent l'attention jusqu'au pied du trône. La reine Marie de Médicis, le prince de Condé, les dames de Brissac, le duc de Guise multiplièrent les témoignages d'admiration pour le thaumaturge européen qui depuis deux siècles déjà ne cessait de répondre à tous les appels de la douleur humaine, et eux aussi demandèrent des reliques. Alors on songea au grand reliquaire.

Le temps avait marché, l'évêque Sébastien de Rosmadec occupait en ce moment le siège de Vannes. Il ordonna des recherches : parmi les chappes hors d'usage, on découvrit un coffre muni de trois serrures dont les clefs étaient perdues, on les fit sauter. Dans l'ancien tombeau avaient été laissés quelques vertèbres et d'autres fragments : on l'ouvrit solennellement. On appela alors, pour faire le contrôle, des médecins et des théologiens.

Dans le coffre qui était resté si longtemps caché, on trouva un corps presque entier, dont la tête était privée de sa mâchoire inférieure ; or la mâchoire bien authentique qui était enchâssée dans le buste de saint Vincent s'adaptait parfaitement à ce crâne. En outre parmi les ossements retrouvés dans le coffre il manquait une vertèbre ;

or la vertèbre que l'on avait laissée à dessein dans le tombeau était précisément celle qui manquait au reliquaire. Enfin les divers ossements, ceux du coffre, ceux du buste et ceux du tombeau portaient la trace des mêmes poudres aromatiques dont on les avait recouverts. — Aussi, après un examen des plus minutieux, le jury fut-il unanime à déclarer que toutes ces diverses reliques appartenaient au même corps et que ce corps était celui de saint Vincent Ferrier.

La reconnaissance des reliques ayant été faite on les plaça dans une châsse en argent don du chapitre.

Alors se fit la chapelle dite de saint Vincent Ferrier, derrière le chœur. Un tombeau de marbre rouge fut installé devant le transept gauche où il est encore surmonté d'un buste contenant le chef du saint.

L'évêque annonça ces choses dans un mandement plein d'un saint enthousiasme. Les 5 et 6 septembre des processions solennelles eurent lieu. Elles se répètent encore chaque année le premier dimanche de septembre, précédées d'un *Triduum*. Une confrérie fut établie, garde d'honneur du saint tombeau.

Les bonheurs comme les malheurs vont quelquefois par troupes, sous l'épiscopat béni de Mgr Sébastien de Rosmadec un honnête paysan découvrit la statue qui a donné lieu au célèbre pèlerinage de Sainte-Anne d'Auray.

Le 17 floréal, an IV de la République Française Une et Indivisible, l'évêque constitutionnel Charles Lemasle le notifiait à ses diocésains que la Nation voulait bien se contenter de la châsse d'argent ; et, grâce à son intervention, les reliques furent une fois de plus sauvées.

En 1816 Mgr Bausset Roquefort en fit la reconnaissance officielle, et reconstitua les choses telles qu'elles sont aujourd'hui ; c'est-à-dire que sur le tombeau latéral de la cathédrale le *chef* de saint Vincent Ferrier est dans un buste, et que ses autres reliques sont dans la chapelle derrière le chœur (1). Depuis 1816 tous les ans cette châsse est portée en procession le premier dimanche de septembre.

Le corps entier de saint Vincent-Ferrier n'est point à Vannes : il s'en faut des brasses, comme disent les marins. Il y manque d'abord ce qui en a été légitimement soustrait : l'os du bras qui aide les papes au Vatican à soutenir le poids du monde ; celui qu'à Besançon en 1794 le représentant du peuple fit brûler avec tant d'autres reliques et tout le mobilier des églises ; la côte qui est à Valence ; le fémur qu'obtint l'archevêque de Valence, Jean de Ribéru, au prix de 5.500 ducats ; le pied qui est à Nantes ; un autre os du bras qui est à Malte ; sans parler des reliques moindres, que les chanoines ne crurent pas devoir refuser ; et enfin les reliques insignes qu'on a récemment découvertes à Pleubihan.

---

(1) La châsse était autrefois placée sous l'autel, où une place avait été réservée pour la recevoir. A cause de l'humidité on l'a retirée de cet enfoncement.

CHAPITRE XXVII

LE CULTE DE SAINT VINCENT

Dans la chrétienté.

Le culte de saint Vincent Ferrier est répandu dans le monde entier. A Galata, quartier de Constantinople, les femmes turques vont lui demander des bénédictions ; aux Philippines comme durant le moyen-âge, on bénit les enfants en son nom, ses images sont entre toutes les mains. Jusqu'au fond de la Russie Noire il est efficacement honoré. Dans les pays chauds on applique aux fontaines les formules liturgiques composées par lui ; en certaines régions beaucoup d'enfants portent ses couleurs jusqu'à un âge plus ou moins avancé.

L'Italie, qui ne s'est jamais bien résignée de ne pas l'avoir pour évangélisateur, s'en console en lui prodiguant toutes les marques de confiance. J'apprends à mes contemporains qu'à Lorette où s'est transportée la maison de la Sainte Vierge, où par conséquent la Maîtresse du lieu est dûment honorée, les processions sont défendues comme dans le beau pays de France, même pour la Sainte Vierge ; mais tous les chemins sont ouverts à saint Vincent Ferrier et il ferait beau voir qu'il n'en fût pas ainsi. Ventre affamé n'a pas d'oreilles, et le paysan besogneux, déjà réduit aux abois par les modernes procédés fiscaux, veut au moins qu'on lui laisse les célestes protecteurs qui assurent les récoltes.

En France il est à peu près oublié, sauf en Bretagne. Et là encore son culte se restreint au diocèse de Vannes. Il

serait à désirer d'abord que sa fête du 5 avril fût plus solennellement célébrée, que partout il eut au moins une statue, un tableau sinon un autel. Il faudrait pour cela que
son histoire fût plus connue ; puisse ce petit livre y contri-
buer quelque peu.

Mais là où vit vraiment le culte de saint Vincent Ferrier,
c'est en Espagne, tout au moins dans le royaume de Valence. Et même là les révolutions ont fait leur œuvre plus
honteuse encore que sacrilège : j'ai dû menacer du pilori
européen les Valenciens qui avaient laissé la cellule où
celui qu'ils appellent encore *leur gloire fleuridilius* a passé
vingt ans, devenir *une écurie*. Là où jusqu'en 1835 les
rois, les princes de l'Eglise, et même les anges du ciel
se faisaient un honneur de venir honorer celui qui fut en
son temps l'arbitre du monde, on entendait les jurons des
palefreniers, et le crottin des chevaux tombait juste à la
place où était l'autel. Allez donc compter sur la bénédiction de Dieu aux heures péréclitantes, avec de pareilles
monstruosités sociales. Enfin ce lieu, vénérable entre tous, a
été rendu au culte aujourd'hui, on peut y célébrer la messe.

Quand un fléau menace, c'est à *saint Vincent Ferrier*
qu'on a recours, et ce n'est jamais en vain. Au fond le
culte persistant, sa propagation et son universalité ne sont
désintéressées qu'à demi, il faut prendre l'humanité comme
elle est. C'est une loi providentielle que la douleur soit
un trait d'union de la terre au ciel. Saint Vincent Ferrier
continue à faire des miracles : telle est la véritable explica-
tion ; « c'est un saint, disait l'archevêque de Savonne, dont
mes diocésains font tout ce qu'ils veulent ». Ce n'est peut-
être pas très étonnant, quand il y a des prédicateurs comme
ce dominicain de Bologne que ceux qui l'avaient connu
enfant ne pouvaient voir monter en chaire sans stupeur,
parce qu'il s'était noyé dans le Tibre, et que saint Vincent

Ferrier avait ressuscité, et surtout comme ce *Vincent Pistoïa* qui, pour démontrer le pouvoir miraculeux de son saint patron, découvrait ses bras où des sutures rouges indiquaient encore que, tout enfant, il avait été coupé en morceaux par sa mère folle, et rendu à la vie par saint Vincent Ferrier. Ce ne sont pas en effet des miracles ordinaires qui s'opèrent mais souvent de vraies résurrections de mort. Le roi Alphonse V d'Aragon avait auprès de la cour de Bretagne un ambassadeur nommé André Bojadors. A son arrivée à Vannes, un grand festin lui fut offert, et debout derrière lui une gracieuse jeune fille était uniquement occupée à le servir. C'était une demoiselle d'honneur de la duchesse, choisie par elle parce que saint Vincent Ferrier l'avait ressuscitée. Et c'était une manière d'honorer l'Espagne devant son ambassadeur.

Dans le diocèse de Vannes.

« Comme la dévotion populaire se développe de plus en plus, dans toute l'étendue du diocèse de Vannes, à l'égard de saint Vincent Ferrier, dont le corps est religieusement conservé et vénéré dans la cathédrale » (ainsi que l'écrivait en 1862 le préfet de la S. C. des Rites), — Sa Sainteté Pie IX, sur la demande de Mᵍʳ Dubreuil, proclama SAINT VINCENT FERRIER *second patron du diocèse.*

Dans la ville de Vannes.

La ville de Vannes est pleine des souvenirs de saint Vincent Ferrier.

La Nef de la cathédrale a été construite en grande partie avec les offrandes des pèlerins qui visitaient son tombeau : c'est l'ex-voto de la Bretagne.

Au chevet de la cathédrale, la chapelle qui porte son nom, et qui lui est dédiée en même temps qu'à la Très Sainte Vierge, on vénère ses reliques.

Dans *le transept nord* se trouve un monument, en forme de tombeau, dans lequel sont enfermés, avec une vertèbre du saint, des fragments de son cercueil ; sur la plate-forme est posé le buste, que l'on baise par dévotion et que l'on porte en procession.

La *porte latérale nord*, porte à double baie, encadrée dans une grande ogive et accostée de douze niches, s'appelait autrefois la porte de Saint-Vincent : la voussure est décorée d'un rosaire sculpté dans le granit.

La maison de saint Vincent. Elle est située à l'angle de la rue des Orfèvres et de la rue des Halles. La maison actuelle est postérieure à la mort du saint, mais elle est bâtie sur l'emplacement exact de l'hôtel Dreulin ; et la chambre dite de saint Vincent représente bien la cellule où il a expiré.

La porte Saint-Vincent, en forme d'arc triomphal, face au port, est surmontée de la statue du saint.

Pour tout acte de piété ou de respect, qui sera fait en l'honneur de saint Vincent Ferrier, en passant devant cette statue, (salut, signe de croix, ou invocations), Mᵍʳ Gouraud a accordé 50 jours d'indulgence (1).

Couvents placés sous le patronage de saint Vincent : 1º Le couvent des Dominicains, qui se trouvait à l'endroit

(1) En 1793, Prieur de la Marne, commissaire de la Convention, fit abattre la statue de saint Vincent et la remplaça par la statue d'un sans-culotte coiffé du bonnet rouge. Il décréta en outre que la porte s'appellerait « la porte des Sans-Culottes ».

Ce mannequin disparut en 1802, dès que le Concordat eut accordé aux catholiques la liberté religieuse ; et la porte triomphale reprit son nom traditionnel.

où l'on a bâti le nouvel hôtel de la Préfecture ; — 2° Le couvent des Carmes déchaussés, converti actuellement en musée public, après avoir servi d'évêché pendant un siècle. La chapelle, aujourd'hui désaffectée, est sous le vocable de saint Vincent.

Le jardin de la Préfecture et le jardin des Sports ont été faits, l'un et l'autre, par des moines réunis sous le patronage de saint Vincent.

Une statue de saint Vincent se trouve dans la chapelle du Petit Couvent.

Les statues extérieures de saint Vincent : il y en a une sur la façade de l'ancienne chapelle du collège Saint-François-Xavier ; une à l'angle de l'hôtel Limur ; une sur la place du Féty ; une à la maison de saint Vincent.

La fête populaire de saint Vincent. Elle se célèbre le premier dimanche de septembre. Précédée d'un *Triduum*, pendant lequel les Vannetais accourent en foule à la cathédrale pour entendre parler de leur grand saint, la procession commémorative de la translation des reliques se fait autour des anciens remparts ; c'est le parcours traditionnel ; elle sort et elle rentre par la porte triomphale.

La Confrérie de Saint-Vincent.

Historique de la Confrérie. — Elle fut érigée à Vannes en 1637, par Mgr de Rosmadec, « pour conserver, disait-il, la piété qui est comme naturelle dans les cœurs de Messieurs de Vennes, afin que, par successions de temps, elle ne vienne pas à se relâcher... »

La bulle d'érection fut envoyée de Rome le 28 fév. 1645.

La Confrérie commença à fonctionner cette année même : l'évêque, le chapitre en entier, un grand nombre de membres de la bourgeoisie et de la noblesse se firent inscrire sur les registres (1).

Vers 1702, Mgr d'Argouge fit refondre les statuts, et donna à cette association une nouvelle extension.

Le zèle des associés s'étant peu à peu ralenti au cours du XVIIe siècle, Mgr Amelot à son tour réorganisa la Confrérie, et obtint pour elle de nouvelles indulgences. Son appel fut entendu ; et, quelques années plus tard, au commencement de la Révolution, la Confrérie était encore très prospère. On sait que l'évêque constitutionnel lui-même eut le courage et le bonheur de sauver de la profanation les reliques de saint Vincent pendant les mauvais jours de la Terreur.

Enfin, en 1871, Mgr Bécel donna à la Confrérie, avec de nouveaux statuts mieux adaptés à notre temps, une popularité nouvelle.

STATUTS DE LA CONFRÉRIE

1. — La fête principale de la Confrérie est fixée au 1er dimanche de septembre, où se fait la solennité de la translation des reliques.

2. — Les personnes de l'un et de l'autre sexe peuvent se faire inscrire sur le registre de la Confrérie.

3. — Deux membres, pris l'un dans le chapitre, l'autre parmi les confrères laïcs, seront chargés d'administrer les fonds de la Confrérie et d'en faire acquitter les charges. Ils rendront leurs comptes devant l'évêque.

---

(1) Le 28 février 1646, le pape Innocent X accorda une indulgence plénière aux membres de la confrérie, pour le jour de leur entrée, pour le 6 septembre, et pour le jour de leur mort. — L'économe, comme pour toutes les autres confréries, s'appelait l'abbé ; il était nommé pour deux ans par ses confrères.

4. — Un Conseil d'Administration de la Confrérie sera nommé par l'évêque d'accord avec le chapitre.

5. — Chaque membre, pour subvenir aux charges, donnera un franc par an.

6. — Tous les premiers mercredis du mois, on dira une messe dans la chapelle de la Confrérie, pour honorer le jour de la naissance de saint Vincent au ciel, et attirer les bénédictions du ciel sur la ville de Vannes.

7. — A la mort de chaque membre de la Confrérie, une messe sera dite pour le repos de son âme, le vendredi suivant, en mémoire du jour où fut inhumé le corps de saint Vincent Ferrier.

APPENDICE

SAINT VINCENT FERRIER
ET LES GENS DE MER

(D'après l'enquête du procès de canonisation).

Les gens de mer conçurent de très bonne heure une grande confiance en saint Vincent Ferrier.

Sa popularité parmi eux date du jour de son arrivée à Vannes, où il commença par guérir deux hommes de mer. Aussi, à l'heure du danger, l'invoquaient-ils déjà même avant qu'il fût canonisé.

Jean Rochelard, de Calmont, travaillait avec ses trois compagnons, vers minuit, à la relève de ses filets, tout près de l'île de Houat, quand éclata subitement une effroyable tempête. Forcés de lâcher les ancres et les amarres, ils s'abandonnèrent à la volonté de Dieu. Le cyclone les fit tourner pendant trois heures au milieu des vagues furieuses. C'est au bout de ce temps qu'ils promirent à Maître Vincent de visiter son tombeau s'il les tirait de ce danger. Aussitôt le vœu fait, la tempête tomba comme par enchantement. La mer redevint calme et limpide. Le bateau se retrouva à l'endroit même où la tempête l'avait surpris ; et ce fut le plus facilement du monde que l'on découvrit les ancres, les amarres et les filets qu'on croyait à jamais perdus. « Je me connais en navigation, déclarait le témoin, et j'affirme qu'un miracle seul peut expliquer la soudaineté de cet apaisement. »

Le navire de Maurice Gilles, revenant d'Espagne avec

une cargaison, rencontre un vaisseau anglais tout armé, qui le considère déjà comme butin de guerre. Impossible de fuir : le temps ne le permet pas. Impossible aussi de se défendre : il ne faut même pas y songer. Les marins se disaient entre eux : « Mieux vaut se laisser prendre vivants que de se faire tuer ». Et ils allaient se rendre sans coup férir, lorsqu'un jeune homme les engagea à se souvenir de Dieu et de Maître Vincent. Tout l'équipage obéit et fit vœu. L'aide du saint se fit sentir aussitôt, mais avec un caractère d'intermittence qui frappa vivement les esprits. Le vent se lève, et pendant quelque temps il souffle d'une façon si favorable qu'il met l'intervalle d'une demi-lieue entre les deux navires. Il cessa alors, et l'Anglais, gagnant de vitesse, se rapproche de ceux qu'il poursuit. Le vent souffle de nouveau, de manière à jeter les Anglais dans une direction, les Bretons dans l'autre. Le phénomène se reproduit plusieurs fois : à un moment même, le danger paraît si grand, que les fuyards sont sur le point d'abandonner la cargaison à l'ennemi et de gagner la terre avec une petite barque. Mais chaque fois que l'on invoque Maître Vincent le vent rejette les ennemis au loin, et pousse les Bretons vers le port : et par une dernière intervention il les met définitivement à l'abri.

Parfois l'intervention du saint est plus manifeste encore. A la hauteur de Penmarc'h, un navire fut assailli par une telle tourmente de pluie et de vent qu'elle empêchait les marins de gouverner ou de voir les dangers qui les menaçaient. Poussé par des courants irrésistibles, il alla se jeter entre deux rochers, où il tomba de toute sa masse ; aucune force humaine ne pouvait l'en faire sortir et il était condamné à être mis en pièces par les coups de mer. Aussitôt que la prière eut été adressée à Maître Vincent, l'on aperçut un homme habillé de blanc, dont la main, puissante et expérimentée, orientait la voile et présidait à la manœuvre ; on sentit le navire qui se dégageait peu à peu de sa prison de pierre, et se remettait à flot. Chacun reprit son poste, et tôt après, on entrait au port de Penmarc'h.

Un marin, après le naufrage de son navire, avait coulé au fond, à quatre lieues au large. Il invoqua Maître Vincent ; et aussitôt qu'il eut fait vœu, il sentit une main qui le ramenait à la surface. Toutefois il ne vit personne. A côté de lui se trouvait une planche : il s'y accrocha ; et, la main qui l'avait tiré du fond de l'eau continuant à le protéger, il réussit, quand d'autres auraient péri à sa place, et bien qu'il ne sut pas nager, à regagner la terre.

Un navire breton revenait des côtes d'Espagne à Vannes avec cinq cents pèlerins de Saint-Jacques de Compostelle. Le voyage touchait à sa fin. On était déjà entré dans la rivière de Vannes, lorsque le navire alla donner avec violence contre un rocher à fleur d'eau. Il demeura échoué pendant trois longues heures. Les voyageurs demandèrent à Maître Vincent de leur venir en aide. Le saint les entendit. Le navire se détacha de lui-même, et reprit la mer. Bien qu'on eût été longtemps dans une situation critique, aucun objet n'avait été perdu : aucun homme n'avait péri. Enfin on arrive à terre. Mais aussitôt qu'on eut fini de débarquer les voyageurs, et de décharger la cargaison, le navire, dont le choc avait disloqué les œuvres vives, et qui ne s'était maintenu que par miracle à la surface, sombra tout à coup et disparut ou fond de l'eau.

S'ils ne se croient pas obligés de recourir à la protection du saint, du moins ils savent qu'il est défendu d'en faire fi. Le ciel lui-même se chargerait de le leur rappeler. Jacques le Petit, de Saint-Patern, en fit la douloureuse expérience. A ses compagnons qui priaient Maître Vincent dans un grave péril, il se permit de dire : « Comment pouvez-vous demander de vous sauver la vie à un homme qui n'a pas su se préserver lui-même de la mort !... ». A peine eut-il prononcé ces paroles qu'il fut châtié par un mal terrible. Tout un côté de son corps fut frappé de paralysie ; et sa bouche, qui venait de blasphémer, se tordit au point d'aller rejoindre l'oreille. Il demeura deux heures en cet état ; ce ne fut qu'après s'être voué lui-même à Maître Vincent que sa bouche reprit sa place normale et qu'il recouvra l'usage de la langue. Toutefois sa guérison ne fut pas complète : et jusqu'à la fin de sa vie, une légère difformité de visage et un certain embarras de parole rappelèrent sa faute et son châtiment.

Ceux qui avaient bénéficié de la protection du saint se faisaient un devoir d'aller le remercier sur son tombeau ; c'était la forme générale du vœu.

A la visite on ajoutait ordinairement une offrande ou un ex-voto, qui était le témoignage sensible de la reconnaissance envers le saint.

Les uns apportaient un cierge ; les autres présentaient des figurines de cire dont les formes pouvaient être très variées.

D'autres encore, soit piété plus éclairée, soit sentiment plus vif du danger disparu, accomplissaient, en plus de l'ex-voto, une pénitence plus ou moins pénible.

Ceux-ci avaient résolu de ne rien boire ni manger, à partir du moment où ils auraient atterri, avant de s'être agenouillés sur le tombeau ; ceux-là s'étaient engagés à faire le chemin pieds nus et en langes, de l'endroit où ils apercevraient le clocher de l'église, soit même de l'endroit où ils aborderaient ; et on en a vu qui firent le voyage de Guérande à Vannes dans cet accoutrement.

Des autres, enfin, s'imposaient un supplice plus dur

encore : dès qu'ils étaient entrés dans l'église, ils se traînaient à genoux depuis la porte jusqu'au tombeau.

D'où vient la confiance de nos gens de mer en saint Vincent Ferrier, et comment expliquer que la protection du
saint qui s'est étendue sur tous ceux qui l'invoquent, s'est
fait sentir d'une façon si particulière en faveur des marins
du pays de Vannes ?

Nous avons déjà observé que deux des miracles accomplis par saint Vincent au moment de son arrivée à Vannes,
avaient été faits en faveur de deux marins.

Mais n'y a-t-il pas dans la vie du saint quelques circonstances, quelques prodiges extraordinaires qui auraient
frappé l'imagination populaire et justifieraient la confiance
dont nous avons noté les témoignages les plus indiscutables ?

Au début de sa carrière apostolique, Maître Vincent se
rendait une fois à Majorque, à travers cette Méditerranée
si féconde en tempêtes et déjà infestée de pirates ; il touchait pour ainsi dire au port, quand un orage terrible
menaça de faire sombrer le navire qui le portait. Le grand
mât rompu tomba sur la barque avec une telle violence
qu'elle en parut brisée ; les passagers désespéraient de
leur salut. Mais le religieux, qui n'était pas à son premier
miracle, leur assura qu'ils n'avaient rien à craindre, si
seulement ils voulaient prier Dieu. Il se jeta lui-même à
genoux et se mit à prier. Son exemple fut suivi par tous, et
bientôt débarquèrent sains et aux saufs au port de Palma.

N'était-ce pas bon que celui qui devait se montrer si secourable aux gens de mer connût par lui-même les dangers auxquels leur vie est sans cesse exposée ?

Aux termes de sa carrière, sentant sa fin prochaine,
cédant aux sollicitations de ceux qui l'entouraient, peut-être

plus encore au désir si naturel d'aller mourir dans le pays où il était né, il se décida à quitter Vannes qu'il venait d'évangéliser ; et, à l'insu des habitants qui se seraient opposés à son départ, il s'embarqua pendant la nuit pour l'Espagne. Il n'alla pas bien loin. Son navire franchit-il les premières passes de la rivière ? Parvint-il au milieu du golfe ? Peut-être. Toujours est-il que son voyage fut contrarié de telle sorte que, le lendemain, on le vit rentrer à Vannes et débarquer sur le rocher du Féty.

C'est grâce à une aventure de mer que saint Vincent est demeuré parmi nous. Et, pendant que son corps est vénéré à la cathédrale, son image, debout au-dessus de l'arc triomphal, que la reconnaissance des Vannetais a élevé en son honneur, continue de protéger la ville, le golfe et l'océan.

E. Le Garrec.

PRIÈRE A SAINT VINCENT

Seigneur, qui avez orné saint Vincent de vertus et de mérites sans nombre, et qui avez accordé à ses prières la guérison des malades et des infirmes, faites, nous vous en supplions, qu'à son exemple nous méprisions les choses de la terre et ne désirions que les biens célestes, afin de sortir du tombeau de nos iniquités ; accordez aussi à sa pieuse intercession la grâce que nous sollicitons d'être délivrés des fièvres du corps et des fièvres de l'âme. Par Jésus-Christ Notre Seigneur.

TABLE DES MATIÈRES

CHAPITRE VII

CHAPITRE VIII

CHAPITRE IX

CHAPITRE X

CHAPITRE XI

CHAPITRE XII

CHAPITRE XIII

CHAPITRE XIV

Vannes. — Imprimerie Lafolye.

www.ingramcontent.com/pod-product-compliance
Ingram Content Group UK Ltd.
Pitfield, Milton Keynes, MK11 3LW, UK
UKHW021519090726
13657UKWH00001B/338